역사논문 작성법

역사논문 작성법

— 임경석 지음

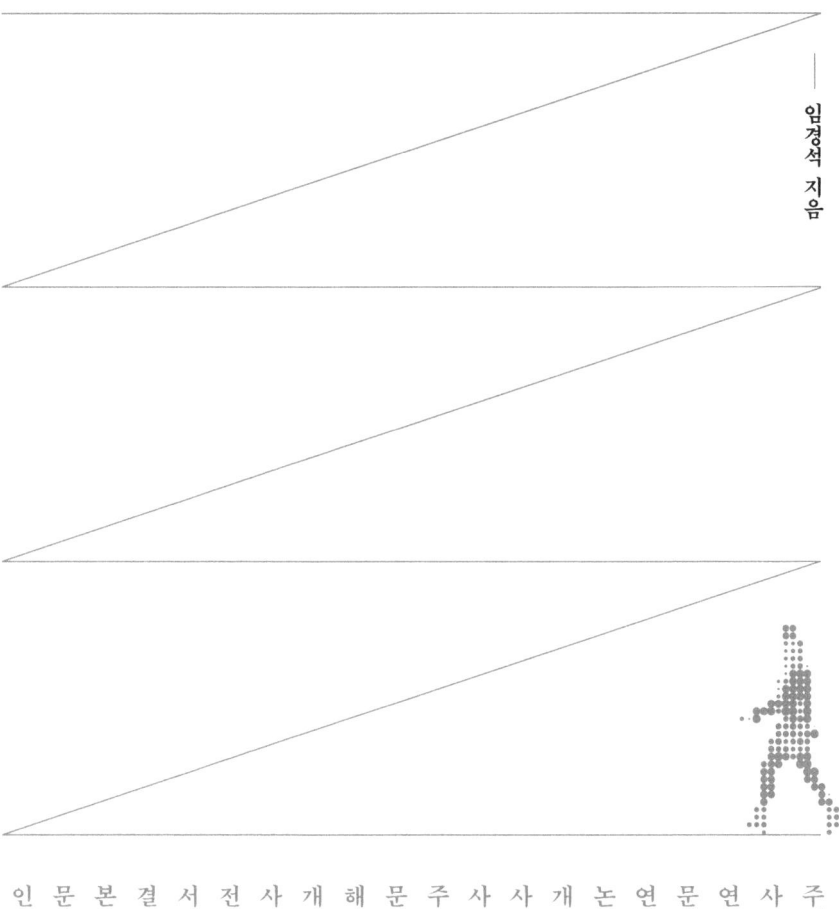

주제 선정
사료 탐색
연구논저 목록
문제 제기
연구논저의 정렬
논문 읽기와 연구사 노트
개시 국면의 연구사 정리
사료 노트와 세포
사료 세포 작성법
주 사료와 비연속적인 관련 사료
문제의 확정
해답과 논지
개념어
사료 세포의 재분류
전진과 후퇴: 역사 글쓰기의 특성
서론 쓰기
결론 쓰기
본론 쓰기와 플롯
문장과 문체
인용 각주 참고문헌

푸른역사

서문

본문 원고를 다 마쳤습니다. 홀가분합니다. 서문을 쓰려고 책상에 앉으니 옛 생각이 나는군요. 대학원에 진학하여 첫 논문을 쓰려고 암중모색하던 시절 말입니다. 그때는 역사논문 쓰는 방법을 알려주는 사람이 없었습니다. 사료를 읽을 때 어떤 일을 해야 하는지, 연구사 노트를 어떻게 작성해야 하는지, 서론과 결론을 어떻게 구성해야 하는지, 그 밖의 기술적 문제들에 대해서 배울 곳이 없었습니다. 어둠 속에서 어림짐작으로 더듬더듬 길을 찾을 뿐이었지요. 선배 연구자들이 하는 행동을 곁눈질했고, 기성 연구논문의 형식을 모방했습니다.

그러다 보니 시행착오가 많았습니다. 연구 과정의 각 단계에서 부딪치는 문제들을 원만하게 소화하지 못했습니다. 그래서일까요. 결과물도 썩 마음에 들지 않았습니다. 최선의 노력을 기울였다고 자부하지만 성과는 남루했습니다. 되돌아보면 저만 그랬던 것

같지는 않습니다. 정도의 차이는 있지만 동년배 역사 연구자들도 다들 그랬던 듯합니다. 당시 어딘가 도움을 얻을 곳이 있었다면 우리 세대 역사학자들이 거둔 연구 성과가 좀 더 볼 만하지 않았을까 생각합니다.

　이 책은 역사학 논문을 처음 작성하는 사람들을 위한 안내서입니다. 주로 석사학위 논문 집필을 앞둔 사학과 대학원생들을 염두에 두었습니다. 석사과정에 재학 중인 대학원생이라면 누구나 다 이러한 안내서가 필요할 것이라 생각합니다. 대학원생 외에도 이 책의 안내를 필요로 하는 이들이 있습니다. 대학 졸업논문을 제출해야 하는 사학과 졸업반 학생입니다. '역사논문 작성법' 강의를 수강하는 사학과 고학년 학생들도 그에 해당합니다. 대학원생이든 사학과 고학년생이든 모두 생애 처음으로 역사학 논문을 작성하는 고난도의 과제에 직면해 있다는 점에서 공통됩니다. 이분들에게 도움을 줄 수 있는 지침서가 되는 게 이 책의 목적입니다.

　저는 대학원 사학과에서 석·박사 학위논문 작성을 지도해 왔습니다. 20년 동안 신진 연구자들의 학업을 도왔습니다. 대학원의 역사학자 양성 과정은 도제 교육과 유사한 점이 있습니다. 일대일의 개인지도를 통해 논문 작성에 필요한 기량을 훈련합니다. 역사논문 작성법을 안내하는 지침서가 필요하다는 생각을 갖게 된 것은 대략 10년 전입니다. 그즈음 제가 재직하는 대학교에서 사학과 학부 교육과정을 개편했습니다. 대학 고학년생들의 졸업논문 작성을 돕는 교과목 신설에 대한 합의가 이뤄졌습니다. '역사논문 작성법'이라는 교과목이었습니다. 3~4학년생을 대상으로 하는 교과목입니다. 사학과 교육과정상 가장 정점에 위치한 교과목이라 할 수 있습니다. 제가 그 과목 강의를 담당하게 됐습니다. 평균 50~60명의 학생들을 이끌어야 했지요. 대학원생 교육에 비해 하중이 달랐습니다. 일대일 교육 방식을 적용하는 데 어려움을 겪으면서 다수의 학생들에게 제시할 지침서가 필요하다고 절실히 느꼈습니다.

하지만 유감스럽게도 학생들에게 제시할 만한 마땅한 지침서가 없더군요. 시중에는 적지 않은 논문 작성법 관련 서적들이 출판되어 있습니다. 지금도 도서관이나 서점에서 쉽게 찾을 수 있습니다.* 하지만 여러 분야를 망라하는 포괄적인 학술논문 안내서가 대부분입니다. 역사학의 학문적 특성을 반영한 안내서는 발견하기 힘들지요. 더러 분과학문용 안내서도 있습니다만 자연과학, 공학, 의학, 사회과학 분야뿐이었습니다.

인문학 논문 작성법 안내는 드물더군요. 이탈리아의 저명한 인문학자 움베르토 에코의 저술이 인문학 연구자의 수요에 가장 근접해 있다고 판단됐습니다.** 그러나 움베르토 에코는 문학 연구자이고, 컴퓨터가 연구에 활용되기 이전의 학문 환경을 염두에 두고

---

* '논문 작성'이라는 키워드로 대학 도서관에서 검색하면 단행본만 320여 권이 나온다. 1956년부터 2021년까지 출간된 책이 그렇게 많다. 대형서점도 비슷하다. 210권이 뜬다(2022년 2월 26일 검색).
** 움베르트 에코Umberto Eco 지음, 김운찬 옮김, 《논문 잘 쓰는 방법》, 열린책들, 2001(신판). 번역 초판은 1994년에 나왔다. 원제는 *Come si fa una tesi di laurea*, Gruppo Editoriale Fabbri, Bompiani, Sonzogno, Etas S.p.A., Milano, 1977. 이탈리아어 책 제목을 직역하면 '학위논문을 작성하는 방법'이다.

글을 썼습니다. 이탈리아 대학 졸업논문 작성을 돕는 데 중점을 둔 책이라 오늘날 한국의 학문 환경과 맞지 않는 부분도 많습니다. 신진 역사학도들이 도움을 받을 여지가 그리 많지 않아 보였습니다.

역사학 분야 안내서는 찾아보기 어려웠습니다. '역사학 논문 작성법'을 제목에 포함시킨 책도 없지는 않습니다만,[*] 논의가 상식적인 범위에 머문 데다가 45년 전에 나온 책이라 벌써 단종됐더군요. 도움이 되기 어렵다고 판단했습니다. 이런 이유 때문에 저는 안내서를 직접 만들어야겠다고 결심하게 됐습니다. 최근에 저보다 한발 앞서서 동일한 결심을 하신 분이 있음을 알았습니다. 다행스런 일입니다. 역사학 논문 작성의 실무적 과정을 안내하는 책은 많을수록 좋기 때문입니다.[**]

저는 그에 더하여 연구 역량의 강화를 이끌어 낼 수 있는 조언이 필요하다고 생각했습니다. 신진 연구자에게 가장 절실한 것은 연구하는 방법을 터득하는 일입니다. 역사 정보를 수집하고, 분석하고, 종합하는 능력을 어떻게 기를 수 있는지 안내해야 한다고 보았습니다. 이 책에서는 그에 주안점을 두었습니다.

저는 강의 현장에서 쌓인 노하우를 이 책에 담고자 했습니다. '역사논문 작성법' 강의를 거듭하면서 강의안을 계속 보완할 수 있었습니다. 그 덕분에 해가 갈수록 강의안은 충실해졌습니다. 강의 도중에 학생들과 피드백을 주고받으면서 많은 것을 깨달았습

---

[*] 우드 그레이, 법문사 편집부 옮김, 《역사학연구 및 논문작성법》, 법문사, 1978.
[**] 최성환, 《역사논문 쓰기 입문》, 부크크, 2021.

니다. 교학상장敎學相長이란 말을 실감했습니다. 가르치고 배우는 과정에서 선생과 학생이 함께 성장한 것이지요. 이 책은 바로 그 강의안을 토대로 만들었습니다.

이 책에서는 근현대사 사료와 연구논문을 주로 활용했습니다. 하지만 사료와 논문의 활용방법은 전근대사 분야에도 두루 통용된다고 생각합니다. 조선시대사, 고대사 분야를 다루는 신진 연구자들에게도 유용하리라 믿습니다.

이 책을 출판하게 된 데에는 여러 사람의 도움이 있었습니다. 사학과 동료 하원수 교수와 박재우 교수는 제 구상안을 듣고서 적극적으로 집필을 권유했습니다. 그분들의 공감과 압력(?)이 없었다면 이 책의 집필은 착수조차 어려웠을 것입니다. 김민철, 이평수 교수는 서양사와 동양사 분야의 사료 탐색에 관한 정보를 제공해 주었습니다. 그분들의 도움이 있었기에 이 책이 한국사 분야에 치우치는 틈을 메울 수 있었습니다. 푸른역사 박혜숙 사장님은 원고가 완성도 되기 전에 흔쾌히 출판을 허락해 주었고 마감 기일을 맞추지 못했는데도 완성고가 나오기까지 오랜 시간 기다려 주었습니다. 큰 격려가 됐습니다. 여러분께 재삼 감사의 인사를 드립니다.

2023년 봄
저자

차례

서문 5

1장 연구계획서

1. 주제 선정 20
2. 사료 탐색 26
3. 연구논저 목록 49
4. 문제 제기 55

2장 연구사 정리

1. 연구논저의 정렬 69
2. 논문 읽기와 연구사 노트 72
3. 개시 국면의 연구사 정리 83

3장 사료 읽기

1. 사료 노트와 세포 89
2. 사료 세포 작성법 93
3. 주 사료와 비연속적인 관련 사료 108

4장 집필 전야

1. 문제의 확정 136
2. 해답과 논지 143
3. 개념어 147
4. 사료 세포의 재분류 153

5장 원고 쓰기

1. 전진과 후퇴: 역사 글쓰기의 특성 161
2. 서론 쓰기 166
3. 결론 쓰기 176
4. 본론 쓰기와 플롯 180
5. 문장과 문체 194
6. 인용, 각주, 참고문헌 202

에필로그 211

1장 연구계획서

주제 선정
사료 탐색
연구논저 목록
문제 제기
연구논저의 정돈
논문 읽기와 연구사 노트
새 국면의 연구사 정리
사료 노트와 색인
사료 색인 작성법
주사료와 비언속적인 관련 사료
문제의 확정
해답과 논지
개념어
사료 새롭게 다루기
정진과 우회: 역사 글쓰기의 특징
서론 쓰기
결론 쓰기
본론 쓰기와 틀
문장과 문체
인용·각주·참고문헌

역사논문을 쓰기로 마음먹은 사람이 가장 먼저 할 일은 무엇일까요? 도서관에 가서 분류번호 900번 역사학 서가에 꽂혀 있는 책들을 차근차근 읽어야 할까요. 아니면 수십~수백 권에 달하는 《조선왕조실록》이나 《한국독립운동사자료집》 같은 유명한 사료를 직접 들여다보아야 할까요. 아닙니다. 그런 일이 아닙니다. 가장 먼저 할 일은 연구계획 작성입니다. 논문 쓰는 일뿐이겠어요. 세상 모든 일이 다 마찬가지로 무언가를 시작하는 사람은 자신의 행동을 목적의식적으로 계획할 필요가 있습니다.

한 달간 유럽 배낭여행을 떠나는 여행자도 계획을 세웁니다. 코스를 짜고, 교통편을 조사하고, 숙박지를 예약하고, 국경을 넘을 때 필요한 서류들을 미리 뗍니다. 트렁크에 넣을 짐을 준비하고, 수하물 무게를 감안하여 내용물을 적절히 조정합니다. 여행에 소요되는 경비를 계산하고, 수입 지출에 관한 예산을 짭니다.

음식을 만드는 일도 그렇습니다. 손님을 초대해서 직접 저녁상을 차리는 경우를 떠올려 봅시다. 먼저 계획을 짭니다. 메뉴를 정하고, 그에 맞춰 식재료를 구입합니다. 식재료는 종류별로 다듬어서 가지런히 정리해 놓고, 순서에 맞춰 조리합니다. 식사에 곁들일 음료수를 무엇으로 할지 손님의 취향을 고려해서 미리 준비합니다.

논문 작성도 여행길에 오르거나 음식을 만드는 것과 다르지 않습니다. 가장 먼저 연구계획을 짜야 합니다. 우리 속담에 '콩 심은 데 콩 나고, 팥 심은 데 팥 난다'는 말이 있습니다. 인과관계의 필연성을 논한 속담이지요. 씨앗을 심으면 반드시 열매가 맺는다, 어떤 씨앗을 심느냐에 따라 수확하는 열매가 달라진다는 뜻입니다. 결과가 다르다면 원인이 달랐기 때문이라는 것이지요. 저는 이 속담을 대할 때 원인에 주목합니다. 씨앗을 심어야만 소출이 있습니다. 씨앗을 잘 심어야 합니다. 논문 쓰는 일도 마찬가지입니다. 씨앗을 심는 것에 상응하는 행위가 필요합니다. 그게 뭘까요. 저는 연구계획서를 작성하는 일이라고 생각합니다.

역사논문 연구계획서를 어떻게 작성해야 할까요? 과제를 하나 내겠습니다. 다음 〈보기〉에 제시하는 과제를 독자 여러분이 직접 자신의 힘으로 수행해 보시기 바랍니다.

과제에서 네 가지 항목을 제시했습니다. 연구 대상을 정하고, 사료 속에 연구 대상에 관한 정보가 어떻게 분포해 있는지를 조사하며, 내 주제를 다룬 기존 연구논문과 단행본이 얼마만큼 축적되어 있는지를 찾고, 자기 연구를 이끌어 갈 문제를 발굴하는 것입

> **보기**
>
> 자신이 작성할 역사논문의 연구계획서를 작성하여 제출하시오. 계획서에는 다음 네 가지 항목 〈1. 논문 제목과 목차, 2. 사료 탐색: 주 사료의 발굴과 여러 가지 관련 사료의 분포, 3. 기존 연구논저 목록, 4. 문제 제기〉를 포함하기 바랍니다.
>
> - 분량은 A4용지 3~4매 정도가 적당합니다. 그보다 더 길게 작성해도 무방합니다.
> - 과제 이행에 소요되는 기간은 석사학위 논문을 작성하는 대학원생이라면 4주 정도가 적당하고, 학부 졸업논문을 작성하는 졸업반 학생이거나 '역사논문 작성법' 강의를 수강하는 사학과 고학년생이라면 2주 정도가 좋습니다.

니다. 네 가지 항목은 어느 것이나 다 조사와 생각 두 방면의 노력을 요구합니다. 얼마나 폭넓게 조사하느냐 그리고 얼마나 깊이 생각하느냐가 연구계획서의 성패를 좌우합니다. 네 가지 항목 가운데 1번과 4번 항목은 연구자 내면의 생각이 좀 더 중요한 역할을 하고, 2번과 3번은 폭넓은 객관적 조사를 더욱 필요로 합니다. 요컨대 연구계획은 자신의 생각과 폭넓은 자료 조사를 통해서 수립하는 것입니다. 이 네 가지가 연구계획서를 작성할 때 반드시 거쳐야 하는 관문입니다.

　과제 분량이 그다지 많지 않지요? A4용지 3~4매라면 큰 부담이 되는 분량은 아닙니다. 글재주 있는 사람이라면 하루 저녁에 뚝딱 마무리할 수 있는 분량입니다. 요점은 양의 문제가 아니라는 것이지요. 연구계획서에서 중요한 것은 페이지의 두터움이 아니라, 객관적 조사의 풍부함과 아이디어의 참신성입니다.

　과제 이행 기간을 달리 부여한 까닭이 있습니다. 대학원과 학부의 논문 작성 환경이 다르기 때문입니다. 대학원 석사과정에 소요되는 수학 기간에 유의했습니다. 석사과정에서는 24학점의 교육과정을 이수해야 합니다. 한 학기에 9학점씩 수업을 듣는다 치면, 대략 3학기 동안은 수업을 따라 가느라 정신없는 시간을 보내게 됩니다. 4학기에 가서야 비로소 온전히 자신의 석사학위 논문을 준비하는 시간을 얻게 되지요. 석사과정을 수료한 이후 논문을 제출하기까지 필요한 기간이 얼마 정도 될까요. 지도교수 판단에 따라 다를 수 있지만 대략 1년~1년 6개월을 예상합니다. 달리 말하면 석사과정 입학 후 5학기나 6학기 때 학위논문을 제출하는 경우가 많습니다. 물론 앞당길 수도 있습니다. 수료 이전에 방학 기간이나 주말을 이용하여 자신의 학위논문을 위한 연구 시간을 가진 부지런한 대학원생은 학위논문 취득을 한두 학기 앞당기기도 하더군요.

　1년~1년 반의 연구 기간을 갖는 석사과정 대학원생과 달리, 학부과정의 사학과 대학생에게는 그보다 적은 시간적 여유가 주어집니다. 학부 졸업논문 준비는 4학년에 올라가서야 비로소 시작하기 마련입니다. 많아야 1년 미만의 시간 여유를 갖습니다. '역사논문 작성법' 강의를 수강하는 사학과 학생들은 더 적습니다. 한 학기 내에 역사논문을 써야 합니다. 게다가 온전히 역사논문 작성에만 시간을 쓸 수는 없습니다. '역사논문 작성법' 강의는 한 학기에 수강하는 대여섯 가지의 교과목 중 하나일 뿐이기 때문입니다. 졸업반 대학생도 졸업 요건을 충족하기 위해 다른 교과목 수강을 병행합니다. 매우 제한된 시간적 여유밖에 없습니다. 이를 감안하여 연구계획서 과제 이행 기간을 달리 설정했습니다.

1. 주제 선정

〈논문 제목과 목차〉를 작성하는 것이 연구계획서의 첫 항목입니다. '무엇을 연구할 것인가'라는 질문에 답하는 것이 연구계획의 첫 번째 할 일이라는 뜻입니다. 이는 연구 대상을 명백히 하는 문제이지요. 연구 주제를 선정하는 문제라고도 말할 수 있습니다.

연구 대상을 결정하는 권한은 연구자에게 있습니다. 처음으로 논문을 쓰는 신진 학도이든, 수십 년 연구를 계속해 온 원로 교수이든 마찬가지입니다. 더러 지도교수의 의견에 따라 주제를 선정하는 대학원생도 없지 않은 것 같습니다. 하지만 이 경우에도 자세히 들여다보면 대학원생의 내심이 작용했을 가능성이 높습니다. 지도교수 의견에 공감했기 때문에 지도교수의 권고를 받아들였을 것이라고 생각합니다. 연구자는 자기 책임 아래 연구 주제를 정합니다. 생애 처음으로 역사논문을 작성하려는 신진 연구자라면 이 점을 냉철하게 인지해야 합니다.

사적·공공적 가치 있는 주제를 찾아라

논문 주제를 선정할 때 무엇에 유의해야 할까요? 뭐니 뭐니 해도 가치 문제가 맨 앞에 오지 않을까 생각합니다. 자신의 연구 대상이 사적·사회적 양 측면에서 가치를 갖고 있어야 합니다.

먼저 개인적 측면을 살펴봅시다. 연구자 개인의 내면에 그 주제를 다루고 싶다는 관심이 있어야 한다는 말입니다. 호감이나 사명감 같은 것도 괜찮습니다. 보기를 들면 노동자의 사회적 역할에 대한 공감 때문에 노동사나 노동운동사를 연구 주제로 정할 수 있습니다. 밀리터리 취향을 갖고 있기 때문에 군사, 전쟁사를 전공 분야로 삼을 수도 있습니다. 소수자에 대한 연대감 때문에 역사상의 소수자 집단에 관한 연구를 시작할 수도 있습니다.

연구자 내면의 동기는 중요합니다. 연구 도정에 에너지를 제공해 주기 때문입니다. 세상만사가 그렇듯 역사논문을 작성하는 과정에서도 곤경에 처할 가능성이 높습니다. 어려움에 직면했을 때 그것을 벗어나는 힘은 오직 연구자 내부에 있습니다. 내면의 관심과 호감, 사명감은 어려움을 극복할 수 있는 추동력을 줍니다. 이 때문에 연구자 내면의 사적 동기는 역사 연구의 동력을 제공하는 마음속의 보물이라고 표현해도 좋다고 생각합니다.

다음으로 연구 대상이 사회적 측면에서도 가치 있는 것이어야 합니다. 자신의 연구 주제가 어떠한 의의를 갖는 것인지 설명할 수 있어야 합니다. 학문의 역사 속에서 어떠한 위치에 있는지, 시민사회의 공공성에 비추어 어떠한 의의를 지니고 있는지를 고민할 필요가 있습니다. 공동체 구성원들이 중요하다고 여기는 사안을 연구 주제로 정해도 좋습니다.

연구 대상은 구체적이며 적절한 규모로

이제 실용적인 조언을 하겠습니다. 두 가지입니다. 첫째, 연구 대상을 구체적으로 선정하기 바랍니다. 추상적인 방식으로 연구 대상을 상정하면 그를 뒷받침할 사료를 발굴할 때 곤란을 겪을 가능성이 높습니다. 구체적일수록 정보 수집이 용이합니다. 보기를 들어 연구 주제를 〈한국 사회주의운동의 기원〉이라고 정하기보다는 〈1921년 이르쿠츠크에서 개최된 고려공산당창립대회 의사록 연구〉가 더 낫습니다. 초기 사회주의운동사의 구체적인 문헌을 연구 대상으로 설정했기 때문에 정보를 더 손쉽게 수집할 수 있습니다. 토지조사사업 과정에서 국유지 조사의 구체적인 방법과 절차가 어떠했는지를 해명하고자 한다면 〈조선토지조사사업과 국유지 조사〉라는 주제보다는 〈조선토지조사사업에서 국유지의 조사와 활용—경남 창원지역 사례를 통해서〉가 더 바람직합니다. 창원에서 시행된 결수연명부, 국유지 통지서, 실지조사부, 토지조사부등본, 토지대장집계부 등의 사료를 활용할 수 있기 때문입니다.[*]

둘째, 연구 대상의 규모가 적정해야 합니다. 어느 정도의 규모가 적당할까요. 가장 유의해야 할 것은 대규모성입니다. 연구 주제

---

[*] 이영호, 〈조선토지조사사업에서 국유지의 조사와 활용—경남 창원지역 사례를 통해서〉, 《역사와 현실》 65, 한국역사연구회, 2007.

가 너무 커서는 안 됩니다. 연구 대상을 제한하면 할수록 연구 작업을 손쉽게 행할 수 있고, 확실한 진척을 볼 수 있습니다. 일련의 연속된 다중적 대상을 주제로 설정하는 일은 반드시 피해야 합니다. 그러한 대상은 큰 규모가 되기 십상입니다. 보기를 들면 〈3·1운동 연구〉 혹은 〈3·1운동 이후 해방에 이르기까지 독립운동의 역사〉 등은 적정한 규모가 아닙니다. 복잡한 정세 변화를 수반하는 연속적인 다중 대상이 그 안에 포함되어 있습니다.

비유를 하자면 다수의 봉우리가 있는 커다란 산맥을 연구하려는 것과 같습니다. 그 속에는 수많은 봉우리와 골짜기가 포함되어 있고, 능선에 오르는 길도 여러 갈래입니다. 산맥이 아니라 구체적인 봉우리에 주목해야 합니다. 역사논문을 처음 작성하는 신진 역사학도라면 더욱 그렇습니다. 연속된 다중적 대상보다는 단일 대상을 선택하는 것이 더 바람직합니다. 〈3·1운동 연구〉보다는 〈3·1운동기 서울의 독립선언과 만세시위의 재구성—3월 1일과 5일을 중심으로〉가 더 좋습니다.* 전자의 연구 주제는 연속된 일련의 다중적 대상으로 이뤄진 커다란 산맥이지만 후자는 단일한 봉우리이기 때문입니다. 또 다른 보기를 든다면 〈일제하 노동운동사 연구〉보다는 〈원산총파업의 공간적 전개〉가 더 바람직합니다.** 〈일제시기 지주제 연구〉보다는 〈일제시기 수원 조씨

---

* 박찬승, 〈3·1운동기 서울의 독립선언과 만세 시위의 재구성—3월 1일과 5일을 중심으로〉, 《한국독립운동사연구》 65, 독립기념관 한국독립운동사연구소, 2019.
** 현명호, 〈원산총파업의 공간적 전개〉, 《한국독립운동사연구》 73, 독립기념관 한국독립운동사연구소, 2021.

가의 지주경영 분석〉이 더 낫고요.[*]

처음으로 역사논문을 쓰려는 신진 연구자들에게는 규모의 적정성이 더욱 중요합니다. 연구 대상이 과대하지 않게끔 노력해야 합니다. 논문 주제가 너무 크면 연구자가 소화해야 할 사료 분량이 지나치게 많아지기 때문입니다. 주제 관련 사료를 다 검토하지 않은 채 논문을 쓴다는 것은 연구자에게는 허용되지 않는 악덕입니다. 자기 주제에 관련된 사료를 남김없이 분석한 이후에야 비로소 연구논문을 집필할 자격이 생깁니다.

그뿐인가요. 연구 대상이 너무 크면 기존 연구 성과도 방대하게 쌓여 있기 마련입니다. 신진 연구자는 자신의 주제와 관련된 기존 논문과 단행본을 망라해서 읽고 비판적으로 정리해야 하는 입장임을 잊어서는 안 됩니다. 주제가 너무 크면 틀림없이 선행 연구 논저 목록도 방대할 것입니다.

사료 없이 연구 없다

연구 대상의 최소 적절성은 사료의 유무에 달려 있습니다. 사료 없이 역사 연구는 불가능하다는 점을 상기하시기 바랍니다. 이 대목에서 의문이 드는 분이 있을 것입니다. 만약 사료만 있다면 대상을 작게 잡아도 된다는 말이냐고요. 그렇습니다. 연구 대상의 이

---

[*] 최원규, 〈일제시기 수원 조씨가의 지주경영 분석〉, 《역사문화연구》 46, 한국외국어대학교 역사문화연구소, 2013.

모저모에 대해 논할 수 있는 사료가 어느 정도 갖춰져 있다면 주제를 작게 잡아도 좋습니다.

　규모의 적정성을 판정하는 기준은 무엇일까요. 눈금이 그려진 객관적인 측량 도구는 없습니다. 역사학 분야에는 무게와 길이, 부피를 측정하는 도량형 기기 같은 것은 존재하지 않습니다. 기준은 다른 형태로 존재합니다. 바로 사료의 유무입니다. 연구논문의 규모가 적정한지 여부는 사료 속에서 관련 정보를 어느 정도 찾을 수 있는가에 달려 있습니다. 주제 선정의 타당성 여부는 사료 탐색이 결정한다는 뜻입니다. 이 때문에 연구 주제 선정은 사료 탐색 이후에야 완료될 수 있습니다. 주제 관련 사료의 존재 유무, 양과 질에 대한 판단이 선 뒤에야 주제를 확정할 수 있는 것입니다.

　사료 탐색 항목으로 넘어가기 전에 연구 주제 선정에 도움이 되는 실질적인 움직임을 시작합시다. 마음속에 떠오르는 연구 주제를 하나씩 적어 보세요. 부담을 갖지 않아도 좋습니다. 아직 후보일 뿐이니까요. 탐구하고 싶은 연구 대상을 생각나는 대로 하나씩 적다 보면 연구 주제 후보 리스트가 작성될 것입니다. 그중에서 정식 연구 대상으로 발전시킬 가능성이 적은 것부터 하나씩 지워 나가세요. 최종적으로 두 개 정도를 남기는 것이 좋습니다. 사적·공공적 가치를 갖고 있고, 구체적이며 적절한 규모의 연구 대상이라고 판단되는 두 개의 후보를 책상 위에 놓아 두세요. 이제 여러분은 두 후보에 관한 적합성 심사에 착수하게 됩니다. 바로 사료 탐색입니다.

2. 사료 탐색

사료란 인간의 과거를 탐구하는 과정에서 단서가 되는 모든 자료를 가리킵니다. 기록, 유물, 사적 등의 형태를 띠고 있습니다. 사료는 과거에 어떤 일이 있었는지를 알 수 있게 해주는 매개체입니다. 역사학은 과거에 일어난 사건, 인물, 사상, 문화 등을 연구하는 학문인데요, 사료는 이러한 역사학의 성립을 가능하게 하는 수단입니다. 유일한 수단입니다. 학문의 성립 조건을 제공한다고도 말할 수 있습니다. "사료 없이 역사 없다"는 말은 역사학에서는 금언입니다. 기존의 모든 위대한 역사학은 예외 없이 사료에 입각해 있습니다.

  음식에 비유해 보지요. 역사 연구자에게 사료가 갖는 의미는 셰프에게 식재료가 갖는 의미와 동일합니다. 맛있는 요리를 만들려면 좋은 식재료를 얻어야 합니다. 탁월한 조리 능력을 갖춘 요리사라도 그렇습니다. 비프스테이크를 만드는 요리사에게는 질 좋은 쇠고기 등심이 있어야 합니다. 마찬가지로 역사 연구자에게는 적절한 사료가 있어야 합니다. 쇠고기를 구하지 못한 요리사는 스테이크를 만들 수 없습니다. 자기 구상을 뒷받침하는 사료를 구하지 못한다면 역사학자는 연구를 진행할 수 없습니다. 연구 주제를 바꿔야만 합니다.

주 사료를 발굴하라

사료는 '1차 자료'와 동의어입니다. 역사학 분야의 1차 자료를 사료라고 일컫습니다. 1차 자료란 연구논문 작성의 직접 근거가 되는, 가공되지 않은 본래의 데이터를 가리킵니다. 이 데이터를 활용하여 새로운 정보와 지식을 만들어 냅니다. 1차 자료를 토대로 새로이 파생시킨 가공된 자료, 이것을 '2차 자료'라고 부릅니다. 사료를 분석하여 만들어 낸 연구논문과 단행본이 바로 2차 자료입니다. 기존 연구논저이지요. 다음 장에서 설명하는 '연구사 정리'의 대상이 되는 연구 성과들입니다.

   사료 탐색은 연구 주제를 구상할 때 그 적합성 여부를 좌우하는 가장 중요한 요인입니다. 따라서 연구 대상을 선정하고자 한다면 1차 자료의 존재 여부와 접근 가능성을 폭넓게 탐색해야 합니다.

   사료 탐색은 다음 두 가지 사실을 확인하는 과정입니다. 첫째, 자신의 연구 주제에 연관된 1차 자료의 존재 여부를 확인해야 합니다. 연관 사료가 있는지 없는지를 찾아야 하고, 있다면 얼마만큼 있는지를 조사합니다.

사료 중에는 '주 사료'라고 부르는 것이 있습니다. 연구자들 사이에 통용되는 은어로는 '뭉텅이 사료'라고도 합니다. 주 사료는 자신의 연구 주제에 관련된 정보를 두텁고 풍부하게 내장하고 있는 사료를 가리킵니다. 역사 연구자 중에서도 주로 근현대사 연구자들이 사용하는 말입니다. 전근대사와 달리 근현대사 사료는 종류와 분량이 다종다양하기 때문입니다. 《역사학 개론》이나 《역사학 입문》에 나오는 공식적인 용어는 아닙니다. 하지만 이 용어는 사료 탐색의 바른 방법을 지시하는 데 무척 유용합니다. '주 사료'라고도 부르는 까닭은 연구논문 작성에 주되게 활용되기 때문이지요.

주 사료의 존재 형태는 다종다양합니다. 관심 분야의 정보를 두텁고 풍부하게 포함하고 있는 것이라면 무엇이든 주 사료가 될 수 있습니다. 공문서나 정부 기록 가운데 이런 게 많습니다. 특정 사안에 대한 자초지종의 정보를 담고 있는 장문의 보고서, 경찰이 작성한 은밀한 정보 문서 등에서 주 사료를 발견할 가능성이 높습니다. 개인의 사적 기록도 주 사료가 될 수 있습니다. 수기, 일기, 편지 등과 같은 사적 기록은 분량만 풍부하다면 연구자 관심 분야 관련 정보를 두텁게 담고 있을 개연성이 있습니다. 현장성이 뛰어난 것도 장점이지요.

예를 들어봅시다. 〈재일본 유학생의 국내 3·1운동 참여 사례 연구〉를 주제로 상정한 연구자에게 〈양주흡 일기〉는 주 사료가 됩니다. 〈양주흡 일기〉는 3·1운동이 발발한 1919년 1월 1일부터 4월 13일까지 기록된 일기로서, 도쿄 메이지明治대학 법과에 재학 중이던 조선인 유학생이 남긴 사적 기록입니다. 일본 경찰과 검찰이 작성한 〈수사 보고서〉나 〈신문 조서〉 등과 함께 활용한다면, 주제에 관한 정보를 풍부하고 두텁게 수집할 수 있습니다. 연구 주제에 걸맞은 최적의 뭉텅이 사료인 셈이지요.*

자투리 자료의 중요성

그렇지 않은 사료도 있습니다. 연구자의 관심 주제에 관련된 정보를 드문드문 가지고 있는 사료들이 있습니다. 그런 사료를 '비연속적인 관련 사료'라고 부릅니다. 관련 정보를 드물게 내장하고 있긴 하지만 중요도와는 상관없습니다. 오히려 드물게 발견되는 만큼 정보의 값어치가 더 높을 수도 있습니다.

  연구자들은 '관련 사료'를 '자투리 사료'라는 은어로 곧잘 부르기도 합니다. 자투리 사료라고 해서 중요도가 떨어진다고 생각하면 큰 코 다칩니다. 자투리란 사료의 크기가 작다는 의미일 뿐 정보의 값어치 고하를 뜻하는 것은 아닙니다. 어떤 자투리 사료는 연구의 흐름을 좌우하는 중요한 근거로 사용되기도 합니다. 자투리라고 해서 소홀히 해서는 안 됩니다. 어디에 어떤 밀도로 존재하는지를 폭넓게 조사해야 합니다. 분포 상태를 파악하기 바랍니다.

  시간 순으로 편철된 연대기 자료는 대다수가 '자투리 사료'에

---

* 〈양주흡 일기〉를 주 사료로 활용하여 작성한 연구논문이 있다. 최우석, 〈재일유학생의 국내 3·1운동 참여 – '양주흡 일기'를 중심으로〉, 《역사문제연구》 18, 역사문제연구소, 2014.

해당합니다. 신문이나 잡지 등에서 발견되는 유용한 기사들이 '자투리 사료'일 경우가 많습니다. 《조선왕조실록》도 주제에 따라서는 자투리 사료로 활용될 때가 있습니다.

사료의 소재지 정보, 접근·판독 가능성

이제 사료 탐색 과정에서 유의해야 할, 가장 중요한 요점에 대해서 말씀드리겠습니다. 생애 처음으로 역사논문을 작성하는 신진 연구자라면 가슴 깊이 새겨둘 만한 요점입니다. 주 사료를 발굴해야 합니다. 주 사료 존재 유무는 연구계획서 성패를 좌우하는 열쇠와 같습니다. 자신의 연구 주제에 관련된 뭉텅이 사료를 발견하지 못했다면 연구계획을 중단해야 합니다. 뭉텅이 사료 없이 논문을 준비하는 것은 가시밭길을 걷는 것과 같습니다. 처음으로 역사논문을 쓴다면 더더욱 그렇습니다.

   우리 속담에 "누울 자리 보고 발을 뻗어라"는 말이 있습니다. 어떤 일을 할 때 결과가 어떻게 될지를 생각하여 미리 살피고 일을 시작하라는 말입니다. 눕기 위해서는 먼저 등 댈 만한 자리가 있는지를 살펴야 합니다. 그와 마찬가지로 논문을 쓰기 위해서는 먼저 주 사료가 있는지 여부를 살펴야 합니다. 역사 연구자에게는 주 사료가 곧 '등 댈 만한 자리'입니다. 논문을 다수 써 본 경험이 있는 노련한 연구자라면 자투리 사료만으로도 논문을 쓸 수 있을 것입니다. 연구 대상에 관한 조사와 분석의 경험을 이미 축적한 덕분입니다. 하지만 연구 대상을 처음 접하는 신진 연구자는 다릅니다. 이런 이유로 주 사료 발굴을 반드시 지킬 것을 힘주어 강조합니다.

사료 탐색 과정에서 주의를 기울여야 할 또 하나의 확인 사항은 사료에 대한 접근 가능성입니다. 연구자 자신이 직접 관심 사료를 접할 수 있어야 합니다. 관심 사료를 자기 책상 위에 올려놓고 오랜 시간에 걸쳐서 이모저모 다각적으로 살펴볼 수 있어야 한다는 말입니다. 이를 위해서는 (1) 사료의 소재지 정보, (2) 입수 가능성, (3) 판독 가능성을 살펴보아야 합니다. 이 세 가지 조건이 충족되어야 합니다. 관심 사료가 어디에 소장되어 있는지, 그것을 복사하거나 열람할 수 있는지, 자신의 노력으로 판독할 수 있는지 등을 알아야 합니다.

어떤 신진 연구자가 〈단재 신채호 사상의 신 연구 — 미공개 친필 저술을 중심으로〉라는 연구 주제를 구상했다고 합시다. 매력적인 구상입니다. 이 연구자는 〈강역고〉, 〈선랑사통론〉, 〈단군강역도〉 등과 같은 신채호의 미공개 친필 저술이 현존하고 있다는 사실을 인지했을 것입니다. 더 나아가 그 사료가 평양의 인민대학습당에 소장되어 있음을 알았을 것입니다.[*] 하지만 이 연구자는 새 사료의 소재지 정보를 알고는 있었지만, '입수 가능성'에서 장벽에 부딪힙니다. 따라서 이 계획은 실행에 옮기기 어렵습니다. 첫 번째 조건은 통과했지만 두 번째 조건은 넘지 못했기 때문입니다. 현재와 같은 남북관계 하에서는 남한의 어느 연구자도 평양 인민

---

[*] 박걸순, 〈'단재 신채호 전집' 출간의 의미와 과제〉, 《교수신문》 2008. 6. 16.

대학습당을 방문할 수 없습니다. 어쩔 수 없이 연구계획을 변경해야 합니다.

에커트 교수는 《제국의 후예》라는 역사서를 준비할 때 김성수 집안에 내려오던 경성방직 자료를 열람할 수 있었다고 합니다. 서문에서 지은이가 밝힌 바에 따르면, "친절하고 너그러운 경성방직 회장 덕분에 나는 운 좋게도 1919년 설립 때부터의 회사 문서들을 열람할 수 있었고, 회사의 성장 과정을 상세히 재구성할 수 있었다"고 합니다.[*] 이 사실을 인지한 신진 연구자가 경성방직 자료를 자신이 열람한다면 새로운 연구 성과를 낼 수 있다고 판단했다고 합시다. 그 신진 연구자는 유명한 학자들에게만 자료 열람이 허용된다는 것을 나중에야 알게 될 가능성이 높습니다. 그는 하버드대학 교수도, 지명도 높은 학자도 아니고, 그 자료를 소장하고 있는 후손과 아무런 네트워크도 갖고 있지 않기 때문입니다. 이 경우도 두 번째 조건을 충족하지 못한 경우라 할 수 있습니다. 결국 신진 연구자는 자신의 연구계획을 변경해야만 합니다.

세 번째 조건인 판독 가능성도 유의해야 합니다. 사료를 자신의 힘으로 독해할 수 있어야 합니다. 사료 속 문자는 과거의 언어활동을 반영합니다. 고대에서부터 1894년까지 한국의 공문서는 한문으로 작성됐습니다. 해당 시기의 사료는 대다수 한문으로 쓰여

---

[*] 카터 에커트Carter J. Eckert 지음, 주익종 옮김, 《제국의 후예―고창 김씨가와 한국 자본주의의 식민지 기원, 1876~1945》, 푸른역사, 2008, 6쪽. 원제는 *Offspring of Empire: The Koch'ang Kims and the Colonial Origins of Korean Capitalism 1876~1945*, University of Washington Press, Seattle and London, 1991.

있습니다. 갑오개혁 이후의 정부 문서는 한자가 많이 섞인 국한문 혼용체로 작성됐고, 일제 식민지시대에는 일본어가 그 지위를 차지했습니다. 해방 후 1970년대까지 한국인의 언어생활은 국한문 혼용체 위주로 이루어졌습니다. 따라서 한국사를 연구하려는 연구자들은 한문과 일본어, 국한문 혼용체로 작성된 사료를 독해할 수 있는 언어 능력을 갖춰야 합니다.

사료 독해 범위를 넓혀라

어떤 주제를 선정하느냐에 따라 독해력을 요하는 언어는 변화합니다. 중국사를 비롯하여 한중관계사, 독립운동사에 관심을 가진 연구자는 중국어를 이해할 수 있어야 하고, 대한제국, 사회주의, 북한사, 디아스포라 등의 주제에 관심을 가진 연구자는 러시아어 사료 해독 능력을 갖춰야 합니다. 조선시대 사대부의 서찰 자료를 활용하여 연구논문을 쓰고자 한다면, 연구자는 한문 초서를 익혀야 할 것입니다. 수년 전에 일제하 경성지방법원 재판 기록이 공개되어 연구에 활용되고 있는데요, 그것을 활용하고자 한다면 경찰과 검사의 신문 조서에 쓰여 있는 일본어 초서를 판독할 수 있어야 합니다.

따라서 전문 연구자로의 길을 걷는 대학원생이라면 어학 능력을 증진하기 위해 중장기적으로 꾸준한 노력을 기울여야 합니다. 노력이 축적된다면 사료 독해 범위가 넓어질 것이고, 새로운 역사상을 형상화할 가능성이 증대될 것입니다.

대학생의 경우 의문이 들 것입니다. '역사논문 작성법' 강의를 수강하는 학부생이나 졸업논문을 준비하는 4학년생이라면 사료 해독 능력의 제고를 위한 어학 능력 증진의 기회를 갖기 어렵기 때문입니다. 이럴 경우에는 어떻게 할까요? 자신이 구사할 수 있는 어학 능력 내에서 사료를 탐색하면 됩니다. 학부 고학년이라면 한국어에 더하여 영어를 중급 이상 독해할 수 있을 겁니다. 그 범위 안에서 실제로 사료를 찾아보세요. 자신이 탐색할 수 있는 사료 범위가 상상했던 것 이상으로 넓다는 사실을 발견할 수 있을 겁니다.

《삼국사기》, 《삼국유사》, 《고려사》, 《조선왕조실록》 등과 같은 기본적인 사료는 현대 한국어로 번역되어 있습니다. 《승정원일기》와 같은 방대한 분량의 사료도 일부 번역되어 있습니다. 국정 전반에 걸쳐서 매일 매일의 일기를 날짜순으로 망라한 것이기 때문에 조선시대사에 관한 한 가장 자세한 사료입니다.

고전번역원에서 이루어 낸 한문 전적의 번역 성과는 눈부십니다. 한국고전종합DB라는 이름으로 제공하는 번역 텍스트는 문집류, 역사류, 법제류, 총집류, 의궤류 등에 걸쳐 있으며, 그 성과는 9억여 자의 텍스트, 78만 면의 이미지, 500만 건의 메타 데이터 등으로 구성되어 있습니다. 온라인을 통해 그 방대한 성과에 쉽게 접근할 수 있습니다.

인터넷 사이트를 활용하라

동학농민혁명 사료아카이브 인터넷 사이트에서는 적지 않은 분량의 한문 국역본을 제공하고 있습니다. 동학농민혁명에 관한 한 가장 우수한 아카이브입니다. 거기서 제공하는 번역 자료는 개인 자료 17건, 정부 자료 14건, 각 도별 지역 사례 76건, 진압 기록 29건, 일본 자료 26건, 동학 관련 자료 23건, 중국 자료 3건 등으로 이루어져 있습니다.

그뿐만이 아닙니다. 각급 연구소에서 간행한 각종 자료집과 고전 국역본도 있습니다. 우선 국사편찬위원회에서 발간한 다채로운 자료집들을 손꼽을 수 있습니다. 보기를 들면 《대한민국임시정부자료집》, 《북한관계사료집》, 《주한일본공사관기록》, 《한국독립운동사자료집》 등은 규모도 방대할 뿐만 아니라 현대 한국어로 번역되어 있다는 점에서 신진 역사학도들이 접근하기 쉬운 매력적인 자료집입니다.

이제 사료 탐색을 어디서 하는지 말씀드리겠습니다. 첫째, 도서관입니다. 예전부터 연구자들이 사용해 오던 전통적인 방법입니다. 키워드를 사용하여 사료를 탐색할 수 있습니다. 개가식으로 운영하는 도서관이라면 직접 서가를 방문하여 하나하나 뒤적거리는 방법을 사용할 수도 있습니다. 둘째, 인터넷을 통해 디지털 형태의 사료를 접할 수 있습니다. 아래에 인터넷을 통해 사료를 탐색할 수 있는 사이트를 안내하겠습니다.

◐ 한국사

- 경상대학교 문천각 남명학고문헌시스템 http://nmh.gsnu.ac.kr/
- 고려대학교 해외한국학자료센터 http://kostma.korea.ac.kr/
- 공훈전자사료관 https://e-gonghun.mpva.go.kr
- 국가기록원 https://www.archives.go.kr
- 국가전자도서관 https://www.dlibrary.go.kr
- 국립문화재연구원 문화유산지식e음
  https://portal.nrich.go.kr/kor/index.do
- 국립중앙도서관 https://nl.go.kr/
- 국립중앙도서관 대한민국신문아카이브
  https://www.nl.go.kr/newspaper
- 국사편찬위원회 전자도서관 https://library.history.go.kr/
- 국사편찬위원회 전자사료관 http://archive.history.go.kr/
- 국사편찬위원회 한국사데이터베이스 https://db.history.go.kr
- 규장각 한국학연구원 https://kyu.snu.ac.kr/
- 네이버 뉴스라이브러리 https://newslibrary.naver.com
- 독립기념관 한국독립운동정보시스템 https://search.i815.or.kr
- 동학농민혁명 사료아카이브 http://www.e-donghak.or.kr/archive
- 민주화운동 오픈아카이브 http://db.kdemocracy.or.kr/
- 불교기록문화유산아카이브 https://kabc.dongguk.edu/
- 5·18민주화운동기록관 https://www.518archives.go.kr/
- 장서각 한국학자료센터 http://royal.aks.ac.kr/Default.aspx
- 한국고문서자료관 https://archive.aks.ac.kr

- 한국고전번역원 한국고전종합DB https://db.itkc.or.kr
- 한국고전원문자료관 https://kostma.aks.ac.kr/classic/gojun.aspx
- 한국국학진흥원 유교네트 http://www.ugyo.net/
- 한국역사정보통합시스템 https://www.koreanhistory.or.kr
- 한국학진흥사업성과포털 http://waks.aks.ac.kr/

◐ 인접국 역사

중국[*]

- 국학망 http://www.guoxue.com/
- 베이징대학도서관 https://www.lib.pku.edu.cn/
- 중국 국가도서관, 중국 국가전자도서관 http://www.nlc.cn/
- 중국사회과학원 http://www.cssn.cn/
- 중국 역대묘지墓誌전자자료관(浙江大學) http://csid.zju.edu.cn/tombstone
- 중국지망知網 https://www.cnki.net/
- 중국학술망 http://www.cnxueshu.cn/
- IDP(국제돈황프로젝트) http://idp.bl.uk/

타이완

- 타이완 교육부이체자異體字자전

---

[*] 다음 책이 중국학 자료에 대해 자세히 설명하고 있다. 한자문헌정보처리연구회 편, 《中國學リファレンスマニュアル》, 東京, 好文出版, 2021.

https://dict.variants.moe.edu.tw/variants/rbt/home.do

- 타이완인문급사회과학인문색인자료고 https://tci.ncl.edu.tw/cgi-bin/
- 중앙연구원한적전자문헌자료고 https://hanji.sinica.edu.tw/
- airitilibrary(華藝線上圖書館) https://www.airitilibrary.com/

일본

- 가쿠슈인대학 동양문화연구소 우방문고

    https://www.gakushuin.ac.jp/univ/rioc/

- 교토대학 귀중자료 디지털아카이브 https://rmda.kulib.kyoto-u.ac.jp/
- 국립공문서관 아시아역사자료센터 https://www.jacar.go.jp/
- 도요분코(동양문고) http://www.toyo-bunko.or.jp/
- 도쿄대학 학술자산등아카이브포탈 https://da.dl.itc.u-tokyo.ac.jp/portal/
- 일본 국립국회도서관 디지털콜렉션 https://dl.ndl.go.jp/ja/
- CiNii(NII학술정보내비게이트) https://cir.nii.ac.jp/

◐ 서구·비서구 역사

영국

- 동인도회사 East India Company(회원제)

    https://www.eastindiacompany.amdigital.co.uk/

- 스코틀랜드 마녀사냥 데이터베이스 Survey of Scottish Witchcraft Database

    http://witches.shca.ed.ac.uk

- 스코틀랜드 국립도서관 National Library of Scotland

https://digital.nls.uk/gallery
- 영국 신문 문서보관소 British Newspaper Archive(회원제)

    https://www.britishnewspaperarchive.co.uk/
- 영국 의회 문서보관소 UK Parliamentary Archives

    https://archives.parliament.uk/our-collections/
- 영국 의회의사록 Hansard

    https://hansard.parliament.uk/
- 영국 국립도서관 The British Library

    https://www.bl.uk/
- 영국 국립문서보관소 The National Archives

    https://www.nationalarchives.gov.uk/
- 옥스포드 텍스트아카이브 Oxford Text Archive

    https://ota.bodleian.ox.ac.uk/repository/xmlui/
- 온라인 영국 역사 British History Online(회원제)
- 웨일스 국립도서관 National Library of Wales

    https://www.library.wales/
- 조지시대 왕실 문서 온라인 Georgian Papers Online

    https://gpp.rct.uk/
- 프로젝트 캔터베리, 성공회 온라인 문서보관소 Project Canterbury

    http://anglicanhistory.org/

프랑스

- 국방역사박물관 Service historique de la Défense

    https://www.servicehistorique.sga.defense.gouv.fr/

- 그르노블 지방 도서관Bibliothèque municipale de Grenoble
    https://pagella.bm-grenoble.fr/pagella/fr/content/accueil-fr
- 노동계급 국립문서보관소Archive nationale du monde du travail
    https://archives-nationales-travail.culture.gouv.fr/
- 방데 지역 문서보관소Les Archives de la Vendée
    http://recherche-archives.vendee.fr
- 소르본 문화유산 디지털 대학도서관bibliothèques de Sorbonne l'Université
    https://patrimoine.sorbonne-universite.fr/
- 앙시앙레짐 신문 문서보관소Le gazetier universel
    https://gazetier-universel.gazettes18e.fr/
- 외교디지털문서보관소Bibliotheque Diplomatique Numerique
    https://bibliotheque-numerique.diplomatie.gouv.fr/
- 중세사료디지털도서관La Bibliothèque virtuelle des manuscrits médiévaux
    https://bvmm.irht.cnrs.fr/
- 툴루즈 문화유산 디지털도서관Bibliothèque numérique patrimoniale de Toulouse
    https://rosalis.bibliotheque.toulouse.fr/
- 파리시 문서보관소Archives de Paris
    https://archives.paris.fr/r/123/archives-numerisees/
- 파리시 문화유산 도서관Bibliothèque patrimonial de Paris
    https://bibliotheques-specialisees.paris.fr/accueil
- 프랑스 국립문서보관소Archive nationale de France
    https://www.siv.archives-nationales.culture.gouv.fr/
- 프랑스 국립도서관 디지털도서관bibliothèque numérique de la Bibliothèque nationale de France

https://gallica.bnf.fr/
- 프랑스혁명기 의회의사록Archive parlementaires

    https://sul-philologic.stanford.edu/philologic/archparl/
- 해외국립문서보관소Archive nationale d'outre-mers

    https://recherche-anom.culture.gouv.fr/
- 혁명기 신문 문서보관소Le gazetier révolutionnaire

    https://gazetier-revolutionnaire.gazettes18e.fr/

독일
- 괴팅겐 디지털화센터Göttinger Digitalisierungs Zentrum

    https://gdz.sub.uni-goettingen.de/
- 나치 박해 문서보관소Arolsen Archives, International Center on Nazi Persecution

    https://arolsen-archives.org/
- 독일 출판물 모음 디지털도서관Sammlung Deutscher Drucke

    https://www.ag-sdd.de/Webs/agsdd/DE/Home/home_node.html
- 독일 국립도서관Deutsche National Bibliothek

    https://www.dnb.de/EN/Home/home_node.html
- 독일 디지털도서관Deutsche Digitale Bibliothek

    https://www.deutsche-digitale-bibliothek.de/
- 독일 연방문서보관소Bundesarchiv

    https://www.bundesarchiv.de/EN/Navigation/Home/home.html
- 뮌헨 디지털화센터, 디지털도서관Münchener Digitalisierungs Zentrum, Digitale Bibliothek

    https://www.digitale-sammlungen.de/de

러시아

- 러시아 국립군사사문서보관소 Российский государственный военно-исторический архив

    http://ргвиа.рф/

- 러시아 국립극동역사문서보관소 Российский государственный исторический архив Дальнего Востока

    http://rgiadv.ru/

- 러시아 국립도서관 Российская Государственная Библиотека

    https://www.rsl.ru/

- 러시아 국립사회정치사문서보관소 Российский государственный архив социально-политической истории

    http://rgaspi.com/

- 러시아 국립역사문서보관소 Российский государственный исторический архив

    https://fgurgia.ru/

- 러시아 국립현대사문서보관소 Российский государственный архив новейшей истории

    http://ргани.рф/

- 러시아 연방국립문서보관소 Государственный Архив Российской Федерации

    https://statearchive.ru/

이탈리아

- 나폴리 국가문서보관소 https://www.archiviodistatonapoli.it/

- 로마 국가문서보관소 https://www.archiviodistatoroma.beniculturali.it/
- 밀라노 국가문서보관소 https://www.archiviodistatomilano.beniculturali.it/
- 베네치아 국가문서보관소 https://www.archiviodistatovenezia.it/
- 피렌체 국가문서보관소 https://archiviodistatofirenze.cultura.gov.it/

네덜란드
- 국제사회사연구소International Institute of Social History

    https://iisg.amsterdam/en
- 네덜란드 국립문서보관소Nationaal Archief

    https://www.nationaalarchief.nl/en
- 네덜란드어 신문 문서보관소Delpher

    https://www.delpher.nl/
- 동인도회사 문서보관소Arsip Nasional Republik Indonesia/VOC archive

    https://sejarah-nusantara.anri.go.id/

스페인
- 미구엘 데 세르반테스 가상도서관Biblioteca Virtual Miguel de Cervantes

    https://www.cervantesvirtual.com/
- 바스크 관련 디지털도서관Liburuklik, Patrimonio bibliográfico digitalizado

    http://www.liburuklik.euskadi.eus/jspui/
- 스페인 내전기 여성전투원 관련 디지털자료실Fuentes documentales, Museo Virtual de la Mujer Combatiente

    https://www.mujeresenguerra.com/biblioteca-virtual/
- 카탈루냐도서관Biblioteca de Catalunya

https://www.bnc.cat/

● 프랑코 정권에 의한 안달루시아, 엑스트레마두라, 북아프리카의 피해자 데이터베이스Todos (...) los Nombres, Base de datos de víctimas del franquismo en Andalucía, Extremadura y Norte de África.

https://todoslosnombres.org/

오스트리아

● 오스트리아 각료 평의회 회의록die Protokolle des österreichischen Ministerrates

https://hw.oeaw.ac.at/ministerrat/

● 합스부르크-오스만 디지털 외교문서보관소QhoD, Digitale Edition von Quellen zur habsburgisch-osmanischen Diplomatie 1500~1918

https://qhod.net/context:qhod

포르투갈

● 마리아 2세 국립극장 문서보관소Biblioteca | Arquivo do Teatro Nacional D. Maria II

https://www.tndm.pt/pt/biblioteca-arquivo/

● 포르투갈 국립디지털도서관Biblioteca Nacional Digital

https://bndigital.bnportugal.gov.pt/

유럽 고대사

● 그리스 금석문 검색사이트Searchable Greek Inscriptions

https://epigraphy.packhum.org/

● 디지털 그리스 역사기록 파편 모음Digital Fragmenta Historicorum Graecorum

https://www.dfhg-project.org/
- 크루티위스 호수, 고대 로마 텍스트 모음 Lacus Curtius

    https://penelope.uchicago.edu/Thayer/E/Roman/home.html
- 페르세우스 디지털도서관 Perseus Digital Library

    https://www.perseus.tufts.edu/hopper/

미국
- 국가보안아카이브 National Security Archive

    https://nsarchive.gwu.edu/
- 국립문서보관소 National Archives

    https://www.archives.gov/
- 국무부 역사관 Office of the Historian

    https://history.state.gov/
- 남부 기록 Documenting the American South

    https://docsouth.unc.edu/
- 뉴욕 공립도서관 New York Public Library

    https://digitalcollections.nypl.org/
- 뉴욕역사협회 New York Historical Society

    https://digitalcollections.nyhistory.org/
- 대통령 프로젝트 The American Presidency Project

    https://www.presidency.ucsb.edu/
- 듀크대학 도서관 Duke University Library

    https://repository.duke.edu/dc
- 디지털 커몬웰스 – 메사추세츠 온라인 콜렉션 Digital Commonwealth –

Massachusetts Collections Online

    https://www.digitalcommonwealth.org/

● 마이애미대학 도서관University of Miam Library

    https://digitalcollections.library.miami.edu/

● 메사추세츠 역사협회Massachusetts Historical Society

    https://www.masshist.org/digital-collections

● 미국 남북전쟁 서신 자료 모음Corpus of American Civil War Letters Project

    https://altchive.org/

● 미국 연대기: 미국의 역사적 신문들Chronicling America: Historic American Newspapers

    https://chroniclingamerica.loc.gov/

● 미국 의회도서관Library of Congress

    https://www.loc.gov/collections/

● 미국 전자공립도서관Digital Public Library of America

    https://dp.la/

● 미국 주별 전자 자료 모음State Digital Resources

    https://www.loc.gov/rr/program/bib/statememory/

● 미국의 성립Making of America

    http://collections.library.cornell.edu/moa_new/

● 민권전자도서관Civil Rights Digital Library

    https://crdl.usg.edu/

● 스미스소니안 도서관Smithsonian Library

    https://library.si.edu/books-online

● 시카고 공립도서관Chicago Public Library

https://www.chipublib.org/digital-collections/

- 우드로우 윌슨 센터 Woodrow Wilson Center

    https://digitalarchive.wilsoncenter.org/

- 캘리스피어 Calisphere

    https://calisphere.org/

- 트랜스 대서양 노예무역 Trans-Atlantic Slave Trade

    https://www.slavevoyages.org/

- 프리덤 온 더 무브 Freedom On the Move

    https://freedomonthemove.org/

중남미

- 브라질 국립전자도서관 Biblioteca Nacional Digital Brazil

    http://bndigital.bn.gov.br/

- 칠레 국립도서관 Biblioteca Nacionale de Chile

    https://www.memoriachilena.gob.cl/602/w3-channel.html

- 카리브해 전자도서관 Digital Library of the Caribbean

    https://dloc.com/collections/ifiu

기타

- 계몽주의 전자문서고 Electronic Enlightenment: letters & lives

    https://www.e-enlightenment.com/

- 구글 북스 Google Books

    https://books.google.com/

- 리버티펀드 온라인도서관 Online Library of Liberty

https://oll.libertyfund.org/

- 마르크스주의 인터넷아카이브 Marxist Internet Archive

　　https://www.marxists.org/

- 인터넷아카이브 Internet Archive

　　https://archive.org/

- 하티트러스트 HathiTrust

　　https://www.hathitrust.org/

- 해양고고학 디지털도서관 The Nautical Archaeology Digital Library

　　https://shiplib.org/

- 홀로코스트 기록보관소 Yad Vashem, The World Holocaust Remembrance Center

　　https://www.yadvashem.org/

3. 연구논저 목록

연구계획서에 기재하는 세 번째 항목은 기존 연구논문 목록을 작성하는 일입니다. 어떤 주제를 연구하겠다고 결정한 자신을 떠올려 보세요. 당신이 그 주제에 관심을 가진 최초의 연구자일까요? 일찍이 누구도 본 적이 없는 새로운 자료를 발견했거나, 다른 사람이 흉내 낼 수 없는 창의적인 문제의식으로 대상을 관찰할 때에는 그럴 수 있을 겁니다.

하지만 대다수 경우에는 그렇지 않을 겁니다. 과거에 다른 사람이 관심을 가지고 그 주제를 조사했을 가능성이 있습니다. 여러분이 어떤 연구 주제를 선택하든 선배 연구자들이 수행한 연구 성과가 쌓여 있을 것입니다. 논문이나 단행본 형태로 이미 학계에 보고되어 있을 것입니다. 신진 연구자가 뇌리에 떠올린 연구 주제는 전인미답의 처녀지일 가능성이 매우 옅습니다. 역사학 분야에서는 특히 그러하리라 생각합니다.

새로운 질문을 발견하라

마땅히 확인해야 합니다. 나보다 앞서 연구 주제에 관심을 기울인 선배 연구자가 있는지를 말입니다. 조사해 보면 자기 주제에 대해 다른 사람이 이미 논문을 썼음을 발견할 수 있을 것입니다. 한 편이 아니라 여러 편일 수도 있고, 수십 편일 수도 있습니다. 이미 단행본이 발간된 경우도 있을 것입니다. 충격을 느낄지도 모릅니다. 이 주제에 대해서 내가 무슨 말을 더 새롭게 할 수 있을까. 현기증이 날 것입니다. 주제를 바꿔야 하는가 고민이 될 것입니다.

다음 질문에 답해 보세요. 어떤 경우가 신진 연구자에게 유리할까요? 기존 연구가 전혀 없는 경우와 그렇지 않고 상당히 존재해 있는 경우 중에서 말입니다. 저는 후자가 논문을 쓰는 데 더 유리하다고 생각합니다. 기존 연구가 전혀 존재하지 않는 데에는 그럴 만한 이유가 있습니다. 십중팔구 고난도의 연구 주제이기 때문일 겁니다. 관련 자료를 전혀 발견할 수 없거나, 연구의 진전을 가로막는 장벽이 존재할 가능성이 높습니다. 이런 주제에 대해 논문을 쓰기란 여간 어렵지 않습니다.

기존 연구가 이미 있는 주제가 좋습니다. 신진 연구자가 첫 논문을 쓰는 데에는 이 경우가 더 낫습니다. 기존 연구 성과를 잘 읽어 보고 당신이 제기한 질문이 어떻게 해결되었는지 조사하시기 바랍니다. 다른 사람이 나의 주제를 어떻게 다뤘는지 유심히 살펴보면, 다른 새로운 주장을 할 수 있는 길을 찾는 경우가 많습니다. 선행 연구자의 주장에 동의할 수 있는지 꼼꼼히 살펴보세요. 만약 그 사람의 주장에 오류가 있다고 느끼셨다면, 당신은 한 체급 낮은 스파링 상대를 만난 권투선수가 되는 겁니다. 70~80퍼센트 동의하지만 뭔가 미심쩍은 부분이 있는 것 같으신가요? 그것을 자신의 연구 주제로 삼아도 좋습니다. 20~30퍼센트 새로운 주장을 할 수 있다면 좋은 연구논문으로 평가받을 수 있습니다.

미심쩍은 부분을 전혀 찾을 수 없을 경우에는 어떻게 해야 할까요? 아마 대다수 신진 역사연구자들이 이렇게 느낄 것입니다. 그렇더라도 실망하지 마세요. 이 주제를 버리고 새로운 주제를 찾아 먼 여행길에 오를 필요는 없습니다. 새로운 질문을 발견하면 됩니다. 하나의 연구 대상에는 많은 질문이 내포되어 있습니다. 기존 연구자들이 미처 던지지 않은 질문을 발굴하시기 바랍니다. 당신이 관심을 두고 있는 주제에 대해 앞 시기 연구자들이 미처 던지지 않았던 새로운 질문을 제기할 수 있습니다.

요컨대 어떤 연구 주제를 상정했다면 마땅히 기존 연구 성과에 대해 조사해야 합니다. 이미 발표된 연구논문과 단행본이 있는지, 있다면 어떤 내용인지를 살펴보아야 합니다. 자신의 연구가 연구사 전개 과정 속의 어느 지점에 존재하는지를 파악해야 합니다.

연구논문 목록 작성 방법 세 가지

연구계획서 작성 단계에서 기존 연구 성과의 내용까지 다 파악해야 하는 것은 아닙니다. 목록 작성만으로도 충분합니다. 연구논문 목록은 어떻게 작성해야 할까요? 세 가지 방법을 소개합니다.

첫째, 학술논문 정보 서비스 사이트를 이용합니다. 도서관 검색이 주로 단행본을 찾는 데 유용하다면, 논문 검색 사이트는 학술지 논문과 학위논문을 찾는 데 쓸모가 있습니다. RISS(학술연구정보서비스), KISS(한국학술정보), DBpia(누리미디어), 교보문고 스콜라 등과 같은 민간 사기업이 학술논문 정보 서비스 사이트 시장을 분점하고 있습니다. 검색은 자유롭지만, 원문을 내려 받으려면 비용을 지불해야 합니다. 대다수 대학도서관에서 이러한 학술논문 정보 사이트 이용권을 구매하여 구성원들에게 제공하고 있기 때문에, 자신이 이용할 수 있는 대학도서관을 경유한다면 별도의 비용을 지불하지 않고 원문 열람 및 다운로드를 할 수 있습니다.

보기를 들어보지요. RISS(학술연구정보서비스)에 접속하여 '매일신보'를 검색했습니다. 국내 학술논문이 932편, 학위논문이 258편이라고 나옵니다. 분량이 많다고 지레 놀랄 필요는 없습니다. 자신의 주제와 무관한 자료들이 다수 뒤섞여 있기 때문입니다. 그것들을 제외하고 자신만의 목록을 짜야 합니다.

둘째, 도서관에서 제공하는 검색 기능을 이용하기 바랍니다. 과거부터 내려오던 가장 전통적인 방법이지요. 도서관 전문 사서들이 분류해 놓은 성과를 활용할 수 있습니다. 먼저 주제와 관련된 적절한 키워드를 고안합니다. 〈1910년대 매일신보 문화면의 성격〉이라는 제목의 연구논문을 쓰기로 계획을 세웠다 합시다. '매일신보'가 검색을 위한 키워드가 될 수 있겠지요. 국립중앙도서관 자료 검색 페이지에서 '매일신보'를 입력하고서 소장 자료를 찾아봤더니 단행본이 157권 나옵니다. 너무 많지요? 하지만 놀라지

마세요. 이중에는 자신의 주제와 관련되지 않은 자료들도 혼입되어 있습니다. 1920~40년대를 주로 다뤘거나 대한제국 시기에 간행된 《대한매일신보》를 취급한 자료들이 뒤섞여 있습니다. 그것들을 제외하고 자신만의 목록을 짤 수 있습니다.

셋째, 기존 연구논문의 각주와 참고문헌 목록을 이용합니다. 자기 주제에 관한 기존의 대표적인 연구 성과를 주의 깊게 살펴봅니다. 《식민지 조선과 '매일신보'; 1910년대》는 발간된 지 21년이 지났지만, 이 주제에 관해서는 개척자적인 연구 의의를 갖고 있습니다.[*] 이 책에 실린 여러 논문들의 각주와 참고문헌 목록을 유심히 살펴봄으로써, 내 주제에 관한 기존 연구논문 목록에 소홀함이 없도록 해야 합니다. 특히 자기 주제와 연관이 깊은 최신 연구논문에 주목하세요. 보기를 들면 장신·임동근의 논문 〈1910년대 매일신보의 쇄신과 보급망 확장〉은 비교적 최근에 발표된 것이므로,[**] 《매일신보》에 관한 최근 연구 현황을 조사하는 데 유용합니다.

위 세 가지 방법을 활용하여 추려진 리스트를 종합하시기 바랍니다. 리스트 종합을 통해 자기 주제에 관한 독자적인 연구논저 목록을 짤 수 있습니다.

주위에 선배와 동료 연구자가 있다면 '족보'를 얻는 행운을 만날 수도 있을 겁니다. 족보란 연구자 사회에 유통되는 주제별 연구논저 목록을 가리키는 은어입니다. 아마 도움이 될 것입니다. 하

---

[*] 수요역사연구회 편, 《식민지 조선과 '매일신보'; 1910년대》, 신서원, 2002.
[**] 장신·임동근, 〈1910년대 매일신보의 쇄신과 보급망 확장〉, 《동방학지》 180, 연세대학교 국학연구원, 2017, 317~352쪽.

지만 족보를 전적으로 맹신해서는 안 됩니다. 기존 목록이 언제 작성된 것인지를 주의 깊게 살펴야 합니다. 최신 연구논저가 누락됐을 수도 있으니까요.

4. 문제 제기

연구계획서에 기재할 네 번째 항목은 '문제 제기'입니다. 연구의 목적을 밝히는 일입니다. 무엇을 질문하는지, 어떤 문제에 대한 답을 찾는지를 분명하게 표현하는 일입니다.

'문제 제기'의 역할

'문제'는 논문의 처음과 끝을 긴장감 있게 결합하는 역할을 합니다. 논문의 여러 부분을 논리적으로 연결해 주지요. 문제에 대한 해답을 찾는 과정이 곧 논문의 뼈대가 됩니다. 논문이라는 장르 자체가 그것을 요구합니다. 문제를 제기하고 해답을 구하는 것이 곧 논문이지요. 논문이란 그렇게 약속되어 있는 하나의 글쓰기 장르입니다. 논문에서 제기한 문제는 독자의 시선을 시종일관 집중시킬 수 있게 돕습니다. 독자의 관심은 문제가 무엇이고 해답이 무엇인지, 해답에 이르는 논증 과정이 적절한지를 판독하는 데 놓입니다.

　문제를 제기하는 것은 연구의 성취 수준과 관련됩니다. 문제를 제기한 논문과 그렇지 않은 글 사이에 우열관계가 생긴다는 말입니다. 연구논문 읽기에 착수해 보신 분이라면 문제 제기가 불분명한 글이 뜻밖에도 적지 않음을 발견할 것입니다. 연구 대상을 제시하는 데 머무는 경우가 더러 있습니다. 자신의 글에서 다루는 이 주제가 이러저러한 중요성을 갖고 있음을 설명하고 있을 뿐, 한걸음 더 나아가지 못하는 논문을 봅니다. 이런 경우에는 짜임새 있는 해답을 내기 어렵습니다. 의미 있는 역사학적 논지를 드러내기는커녕, 연구 대상에 관한 정보를 나열하거나 정리하는 데 머물고 맙니다. 안타깝습니다. 해당 주제에 대한 연구 초창기에 작성된 논문들에서 그러한 특징이 관찰됩니다. 또 연구 대상의 서사적 재현을 중시하는 글에서는 문제 제기보다는 플롯에 초점을 두기 위해 일부러 그렇게 하는 경우도 있습니다. 그렇지 않은 경우라면 문제 제기 없이 수준 높은 연구 결과를 내는 것은 대단히 어렵습니다. 처음으로 역사논문 작성을 꾀하는 신진 연구자라면 이러한 우를 범하지 않도록 경계해야 합니다.

　단숨에 연구 목적을 확정하겠다고 생각하지 않는 게 좋습니다. 목표를 그렇게 잡으면 일이 어려워질 것입니다. 시행착오를 겪기 십상입니다. 나중에 연구 현장의 실정에 맞지 않는 문제라는 것이 드러나면 어쩔 수 없이 연구 목적을 변경해야 하기 때문입니다. 연구 초창기라면 문제의 변경이 그다지 어렵지 않지만, 연구가 상당히 진전된 상태라면 다릅니다. 연구의 성패 여부에 큰 영향을 미칠 수 있습니다. 이러한 시행착오를 줄이기 위해 단숨에 과제를 달성하겠다는 생각을 버리는 것이 좋습니다. 몇 단계 예비적인 조치를 거쳐서 서서히 문제를 확정하는 것이 바람직합니다.

후보 문제군 발굴법
―여섯 가지 의문사 합쳐 보기

하나의 문제가 아니라 여러 개 후보군을 발굴하기 바랍니다. 서너 개 정도도 좋고, 예닐곱 개 후보군도 좋습니다. 심리적 부담이 훨씬 덜어질 것입니다. 후보 문제군을 발굴하는 데 유용한 방법이 있습니다. 여러분의 연구 대상에 여러 가지 의문을 결합하는 방법입니다. 이때 물음표(?)를 사용하시기 바랍니다. 물음표를 사용하여 의문을 표현하면, 문제를 분명하게 드러내는 데 도움이 됩니다.

언론계에서 잘 쓰는 말로 육하원칙이 있습니다. 뉴스를 전달하는 문장에 들어가야 할 여섯 가지 요소를 가리킵니다. 그것을 역사 연구에 적용해도 좋습니다. 자신의 연구 대상에 여섯 가지의 의문사를 결합해 보세요.

1 〈누가〉라는 질문은 역사적 연구 대상의 주체를 밝히는 것과 관련된 의문사입니다. 어떤 시기 지배 체제의 주역이 어떤 사람들인지 묻거나, 언론 매체의 발간 주체, 사회운동의 주도세력을 질문하는 것은 역사논문의 목적을 드러내는 데 유용합니다. 보기

를 들면 손정목과 지수걸의 논문들은 1930~1932년 공주 지역의 도청 이전 반대운동의 주체가 누군지를 묻는 데서부터 시작합니다. 이들의 연구 목적은 '누구'라는 질문에 답하는 데 놓여 있습니다.* 지수걸의 표현에 따르면, 자기 연구의 목적은 "도청 이전 반대운동의 성격을 분명히 한다는 취지에서 누가, 무엇을 위해, 어떻게 투쟁하였는가"를 분명히 하는 것입니다.** 여러 문제들 가운데에서 핵심 역할을 하는 질문이 바로 '누가'임을 확인할 수 있습니다.

망명지에서 간행한 혁명적인 간행물의 발간 주체를 묻는 질문도 연구의 목적을 표현하는 데 도움이 됩니다. 보기를 들겠습니다. 이한울은 1919년 상해에서 발간되기 시작한 《독립신문》이 대한민국임시정부의 기관지라고 간주해 온 기존의 해석에 의문을 표하고, 자신의 연구 과제를 '누구'라는 의문사로 표현했습니다. 그는 "독립신문의 발간 주체를 밝힌 다음, 그 발간 주체들의 입장이 신문의 사설과 기사 속에서 어떻게 재현되고 있는지" 살펴보겠노라고 썼습니다.***

많은 사람들이 참여하는 사회운동의 성격을 이해하려면 행위 주체가 누군지를 밝히는 것이 중요한 전제가 됩니다. 우윤중은 그에 주목했습니다. '1923년 민립대학설립운동을 누가 주도했는

---

* 손정목, 〈일제하 충남도청 이전의 과정과 결과―식민정책 강행에 대한 민중 항거의 한 단면〉, 《천관우선생환력기념한국사학논총》, 1985; 지수걸, 〈일제하 공주지역 유지집단의 도청이전 반대운동〉, 《역사와 현실》 19, 1996.
** 지수걸, 〈일제하 공주지역 유지집단의 도청이전 반대운동〉, 202쪽.
*** 이한울, 〈상해판 '독립신문'과 안창호〉, 《역사와 현실》 70, 2010, 327쪽.

가?'라는 질문을 던져서 석사학위 논문의 연구 목적을 드러냈습니다. "민립대학 설립운동의 행위 주체를 밝히고, 각 행위 주체의 운동에 어떠한 논리가 투영되어 있었는지 살펴보고자 한다"고 기술했습니다.*

2 〈무엇〉이라는 질문은 대상의 속성이나 성격, 의의 등을 드러내는 데 쓸모가 있습니다. 1909년 10월 26일 하얼빈역에서 안중근이 이토 히로부미를 저격했습니다. 이 행위에 '무엇'이라는 질문을 던질 수 있습니다. 안중근이 행한 저격의 성격을 묻는 것이죠. 그것은 사람을 살해한 범죄 행위인지, 아니면 피억압민족의 해방을 위한 교전 행위인지 이도 저도 아니라면 과연 무엇인지를 묻습니다. 이러한 질문은 역사 연구를 위한 훌륭한 문제 제기가 될 수 있습니다.

일제하에 금광업으로 부를 일으킨 이종만李鍾萬이라는 사업가가 '대동사업체'를 설립하여 농민과 빈민층의 경제자립운동을 전개했습니다. 방기중은 그에 연구 관심을 기울였습니다. 그가 제기한 문제는 "대동사업체 경제자립운동의 성격과 사상사적 의미를 해명"하는 것이었습니다.** 연구 대상의 성격과 의미를 천착하는 데 '무엇'이라는 의문사가 적합하다는 사실을 보여 주는 문제 제

---

* 우윤중, 〈민립대학 설립운동의 주체와 성격 —민립대학기성준비회를 중심으로〉, 성균관대학교 석사학위 논문, 2016, 3쪽.
** 방기중, 〈일제말기 대동사업체의 경제자립운동과 이념〉, 《한국사연구》 95, 1996, 141쪽.

기입니다.

사람들의 내면의식을 연구하고자 할 경우에도 이 질문이 중요한 의의를 갖습니다. 겉으로 잘 드러나지 않는 인간의 의식이나 사상을 포착하려면 그 속성이나 성격이 어떠한지를 분석적으로 확인하려는 노력이 필요합니다. 박찬승이 그러한 연구를 수행했습니다. 그는 "1910년대 도일 유학생의 현실 인식과 사상적 동향을 정리하는 데" 자기 논문의 연구 목적이 있다고 명시했습니다. 나아가 청년론, 선구자론, 구관습·구사상 타파론, 신문화 건설론, 여성론 등의 속성에 주목하겠노라고 밝혔습니다.[*] '무엇'이라는 질문을 자신의 연구 목적에 결부시킨 사례입니다.

3 〈어떻게〉는 두 가지 대상 사이의 상호관계를 묻거나, 한 대상의 변화 과정을 탐구하는 데 유용합니다. 한국전쟁과 같이 참전 국가가 여럿인 경우에는 '어떻게'라는 의문사가 다수 생겨납니다. 한국전쟁에 관련하여 정병준은 자신의 연구 목적을 '어떻게'라는 의문사와 연관 지어 표명했습니다. 그의 표현에 따르면, "이 글은 한국전쟁의 전개 과정 중 1950년 전쟁의 발발부터 1951년 1·4후퇴에 이르는 시기 미국·중국·소련의 참전 및 개입과 그 역할을 분석하는 것을 목적으로 한다"고 되어 있습니다. 이를 위해 "미국의 참전, 소련의 개입, 중국의 참전이 어떠한 배경과 과정

---

[*] 박찬승, 〈1910년대 도일 유학생의 사상적 동향〉, 《한일공동연구총서》 2007-5, 고려대 아세아문제연구소, 2007, 152쪽.

속에서 이뤄졌으며, 전쟁에 어떠한 영향을 미쳤는가" 묻습니다.[*]
다수 행위자들의 상호관계가 어떠했는지를 질문한 것이지요. '어떻게'라는 의문사를 사용하여 문제의 소재를 드러내는 좋은 사례입니다.

조선사 지식의 보급 경위에 관한 탐구도 '어떻게'라는 의문사와 관련됩니다. 박종린은 일제시대 역사 서적의 발간과 유통에 관심을 기울였습니다. 그가 제기한 문제는 "식민지 조선의 민중들에게 '조선사'에 대한 역사 지식과 역사 인식이 어떻게 대중화되어 갔는가"라는 것이었습니다.[**] '어떻게'라는 말이 역사 인식의 변화 과정을 탐구하는 데 유용한 의문사임을 보여줍니다.

④ 〈왜〉는 인과관계를 묻는 의문사입니다. 원인과 결과에 관한 역사학적 탐구를 촉진합니다. 장신의 일제하 언론매체 연구 성과는 '왜'라는 질문을 활용한 보기입니다. 1920년 3월 5일에 창간된 《조선일보》는 내선융화운동을 목적으로 경성의 유지들이 조직한 친일단체 대정친목회가 설립했는데, 초창기에 23회의 발매 반포 금지와 2차례의 정간 처분을 당하게 됩니다. 그는 이러한 모순이 '왜' 일어났는지 설명하는 것을 연구의 목적으로 제시했습니다.[***]

---

[*] 정병준, 〈한국전쟁기 미·중·소의 참전·개입과 역할〉, 《이화사학연구》 58, 2019, 219쪽.
[**] 박종린, 〈'조선사'의 서술과 역사 지식 대중화〉, 《역사문제연구》 31, 2014, 249쪽.
[***] 장신, 〈1920년 대정친목회의 조선일보 창간과 운영〉, 《역사비평》 92, 역사비평사, 2010, 294쪽.

이준식의 논문 〈해방 후 국어학계의 분열과 대립〉은 '왜'라는 질문을 복선에 깔아 놓은 대표적인 연구 성과입니다. 이 논문이 제기한 문제는 '한자 세계에서 한글 세계로의 전환이 왜 순탄하지 못했는지, 한글 세계를 인정하지 않는 목소리가 왜 지금도 큰 힘을 떨치고 있는지'입니다.[*] '왜'라는 의문사가 독자들의 눈길을 얼마나 강력히 흡입할 수 있는지를 잘 보여 줍니다.

5 〈언제〉는 역사적 연구 대상의 시간적 조건을 묻는 질문입니다. 작게는 사실의 정확한 편년을 따지는 논문들이나, 크게는 시대 구분론이나 근대사 성격론과 같은 거시적 장기변동의 담론들이 이러한 질문과 관련을 맺고 있습니다. 역사적 대상의 기원과 탄생, 전환과 종언에 관한 모든 논의가 이 문제와 연관되어 있지요. 저의 첫 저작이 《한국 사회주의의 기원》이라는 책인데요. 한국 사회주의가 언제 어떤 조건 속에서 출현했는지를 문제로 삼은 연구입니다.[**]

'조선을 지배하는 일본제국주의가 통치 정책을 언제 어떤 이유 때문에 전환하는가? 사회주의자들의 신간회 정책은 언제 왜 바뀌는가?' 등의 질문은 연구 대상의 시간적 맥락을 탐구하도록 이끌어 줍니다. '언제'라는 의문사는 종종 '어떻게' 또는 '왜'라는 질문과 함께 제기되곤 합니다. 시간적 조건에 관한 의문이 인과관계나 상

---

[*] 이준식, 〈해방 후 국어학계의 분열과 대립 – 언어민족주의와 '과학적' 언어학을 중심으로〉, 《한국근현대사연구》 67, 2013년 겨울호.
[**] 임경석, 《한국 사회주의의 기원》, 역사비평사, 2003.

관관계에 대한 의문과 병행하는 것은 자연스러운 현상입니다.

6 〈어디서〉는 역사적 대상의 공간적 조건을 되묻게 하는 적절한 질문입니다. 공간적 조건의 변동은 비교적 긴 시간에 걸쳐서 이뤄지므로 상대적입니다만, '어디서'라는 질문은 중장기적 변동을 설명하는 데 유용하게 사용됩니다.

유럽 중세사의 무대는 어디일까요? 《마호메트와 샤를마뉴》의 저자 앙리 피렌은 '어디서'라는 의문사를 중시했습니다. 연구를 이끌어 가는 문제를 공간적 맥락에서 제기한 것이지요. 피렌의 견해에 의하면, 게르만족의 서유럽 침입과 서로마제국의 멸망은 종래에 생각되어 온 것처럼 결코 고대와 중세를 구분하는 기준이 될 수 없습니다. 이슬람의 지중해 진출과 그로 인한 지중해의 통일성이 붕괴된 것, 이것이 바로 고대와 중세를 가르는 기준입니다. 이때부터 서유럽은 지중해로부터 봉쇄되고 완전한 내륙국가, 농업에 바탕을 둔 봉건사회로 변질되었다고 보았습니다.*

항일무장투쟁이 전개될 수 있는 공간적 특성은 어떠할까요? 반병률의 박사학위 논문은 바로 이 물음에 대한 탐구의 결과입니다.** 그는 독립운동의 공간적 조건을 국경선을 중심으로 구획하는 관행에 의문을 가졌습니다. 한인 이주민이 수십만 명 거주했던 연해주는 러시아의 영토이고, 북간도는 중국 영토였습니다. 국경

---

* 앙리 피렌, 강일휴 옮김, 《마호메트와 샤를마뉴》, 지만지, 2010.
** Byung Yool Ban, "Korean Nationalist Activities in the Russian Far East and North Chientao(1905~1921)", Ph.D. Dissertation, University of Hawaii, 1996.

이 나뉘어 있음에도 불구하고 양자는 불가분의 연관을 맺으며 독립운동의 통합된 공간으로서 역할을 했음에 주목했습니다.

지금까지 여섯 개의 의문사를 연구 대상에 결합해 보라고 권했습니다. 이 방법은 연구 목적을 설정하는 데 커다란 효과를 갖습니다. 이 방법을 적용하여 다수의 후보 문제군을 발굴하시기 바랍니다.

의문점을 발견하는 방법

이제 한걸음 더 내딛겠습니다. 의문사를 투사할 연구 대상에 대해 말씀드리겠습니다. 여섯 개의 물음표를 어디에 던져야 할까요? 이 물음에 답해 보십시오. 바람직하지 않은 방법부터 말하겠습니다. 상상 속에서 연역적으로 문제를 찾는 방법입니다. 그것은 가장 졸렬한 방법입니다. 연구 대상에 대한 연구자의 인식이 아직 낮은 수준에 머물러 있고 구체적이지 않기 때문입니다. 이제 처음 연구를 시작하는 사람은 연구 대상에 관한 지식 수준이 높을 수 없습니다. 공부가 충분히 이루어지지 않은 상태라 그로부터 도출되는 의문도 막연하고 몽롱할 가능성이 높습니다.

문헌에 의거하여 질문하는 것이 좋습니다. 연구논문과 저서를 읽어 가면서 의문점을 발견하는 방법입니다. 이 방법을 사용하면 연구 대상에 대한 지식 수준도 높일 수 있고, 질문도 구체화할 수 있습니다. 하지만 여기에는 약점이 있습니다. 기존 연구 성과는 전문 연구자가 사료에 밀착해서 역사 정보를 분석하고 종합한 결과

물입니다. 이미 일정한 역사상을 갖추고 있습니다. 공부를 처음 시작하는 신진 역사학도에게는 넘어서기 어려운 벽으로 느껴지기 쉽습니다.

  1884년 갑신정변을 연구 대상으로 설정한 사람이라면, 다보하시 기요시田保橋潔를 비롯한 일제강점기 일본인 연구자들, 1960년대 북한력사연구소, 1970년대 이래 남한의 이광린, 신용하, 주진오, 박은숙으로 이어지는 연구자들의 저술로부터 일방적인 영향을 받기 쉽습니다. 기성의 역사상과 다른 안목을 갖기에 어려움이 있게 되지요. 신진 연구자는 기왕에 부설되어 있는 궤도를 따라서 달리는 열차와 유사합니다. 기왕의 궤도를 벗어나면 앞으로 달려 나가기 어렵지요. 마찬가지로 신진 역사학도는 기존 연구 논저의 성과와 한계를 구분하는 안목을 갖기 어렵습니다. 설혹 의문점을 찾아냈다 하더라도 국지적이거나 지엽적인 것에 갇힐 우려가 있습니다.

  제가 추천하는 가장 좋은 방법은 주 사료에 의거하여 의문점을 찾아내는 것입니다. 나중에 사료 읽기 단계에서 세밀한 독해와 분석이 이루어지겠지만, 그와는 별개로 이 단계에서는 주 사료를 한눈에 개관하는 방법으로 읽는 것이 좋습니다. 보기를 들면, 갑신정변에 관심을 갖는 신진 학도라면 정변의 주모자 김옥균이 기록한 《갑신일록》을 개관하면서 의문점을 발굴하는 것이 바람직합니다.

  이제까지 문제를 어떻게 제기할 것인지 그 방법을 안내했습니다. 이러한 방법을 실제에 적용하면 여러분은 훨씬 손쉽게 연구의 목적을 세울 수 있을 것입니다. 하지만 잊지 마십시오. 계획 단계에서 문제를 확정하는 것은 대단히 어려운 일입니다. 예외적으로만 가능할 것입니다. 그러므로 문제를 '확정'해야 한다는 부담을 느끼지 마시고, 다수의 후보군을 물색한다는 여유로운 마음가짐을 갖는 것이 바람직합니다. 연구를 시작하는 첫 단계에서는 좀 더 느슨하게 접근해도 좋습니다. 머릿속에 생각나는 대로 여러 가지 질문을 나열해 볼 것을 권합니다. 연구의 발전단계가 어느 정도 수준에 오르게 되면, 아마도 집필 직전 단계에 가면, 비로소 초창기에 던졌던 많은 문제들 가운데 하나를 여러분의 '최종 문제'로 확정할 수 있을 것입니다.

2장 연구사 정리

주제 설정
자료 탐색
연구 논저 목록
문제 제기
연구논저의 정렬
논문 읽기와 연구사 노트
개시 국면의 연구사 정리
사료 노트와 새로
사료 채록 작성법
주사료와 비연속적인 관련 사료
문제의 확정
해답 찾기
개념어
사료 새로의 재분류
진전과 후퇴: 역사 글쓰기의 특성
서론 쓰기
결론 쓰기
본론 쓰기와 플롯
문장과 문체
인용 각주 참고문헌

1. 연구논저의 정렬

'연구사 정리'란 연구의 역사를 정리한다는 말입니다. 여러분이 택한 연구 대상에 관해서는 십중팔구 선배 연구자들이 이미 연구 논문을 발표했을 것입니다. 어떤 주제에 대해서는 아마 서너 편의 연구논문이 나와 있을 터이고, 또 다른 어떤 주제는 목록만으로도 페이지가 넘어가는 다수의 선행 연구논문을 거느리고 있을 겁니다. 여러분에 앞서서 오래전부터 역사 연구자들이 값어치 있다고 생각한 연구 대상을 탐구해 왔기 때문입니다. 그러므로 선배 연구자들이 나의 연구 주제에 대해서 어떤 견해를 제출해 놓았는지를 파악해야 합니다. 어떤 문제를 풀려고 했는지, 해답은 어떻게 내렸는지, 어떤 사료를 활용했는지, 연구사상 어떤 공적이 있고, 어떤 의문점을 남겼는지 등을 확인해야 합니다.

먼저 연구논저를 정렬해 봅시다. 여러분은 이미 연구 대상을 설정했고, 그에 관한 연구논문 목록을 갖고 있습니다. 연구계획서 단계에서 이미 선행 연구 성과 리스트를 작성했습니다. 하지만 아직 만족스럽지 않을 것입니다. 누락된 것이 있을지도 모르기 때문입니다. 너무 서두르지 않아도 됩니다. 이제 그 목록에 적힌 연구 성과를 하나하나 읽어 가면서 불충분한 목록을 점차 보완해 갈 수 있을 것입니다.

논저 목록 정렬 방식

논저 목록이 길어지면 정렬을 해야겠지요. 정렬 방식은 일반적으로 두 가지가 있습니다. 하나는 지은이 가나다순으로 정렬하는 방식이고, 다른 하나는 발표 연대순으로 정렬하는 방식입니다. 두 가지 방식은 각각 쓸모가 있습니다. 여러분은 연구 초입이기 때문에 발표 연대순으로 목록을 정렬하기를 권합니다. 연구사를 정리하는 데 유용하기 때문입니다. 연구를 거의 마치고 탈고할 즈음이 되면 다시 한번 정렬을 해야 합니다. 이번에는 지은이 가나다순 방식을 택합니다. 연구논문 말미에 그 목록을 게시해야 하기 때문입니다.

   연구 초입에 들어선 연구자는 논저 목록을 '과거순'으로 정렬하는 것이 유용합니다. 가장 오래전에 발표된 논문을 맨 위에 두고, 최근 논문을 맨 아래에 두는 방법입니다. 왜 이렇게 하냐고요? 이런 방식의 독서가 연구사의 흐름을 이해하는 데 큰 도움을 주기 때문입니다. 좀 더 구체적으로 살펴보지요.

   첫째, 시기별로 연구의 흐름이 어떻게 흘러왔는지를 이해할 수 있도록 해줍니다. 자신의 관심 주제에 관해 최초 연구가 언제 시작됐는지 확인하는 데 유용합니다. 목록의 맨 위에 놓인 논문이 가장 먼저 발표된 첫 연구 성과일 가능성이 높습니다. 하지만 서둘러 단정해서는 안 됩니다. 현재 조사된 범위 내에서 그렇다는 것이지, 미처 알지 못했던 더 오래된 연구 성과가 있을 가능성을 염두에 두셔야 합니다. '최초'라는 타이틀은 매력적이지만 손쉽게 뒤집힐 수 있는 위험한 것입니다. 섣불리 '최초'의 연구 성과라고 단정하지 마십시오.

둘째, 가장 활발하게 연구 성과가 발표된 시기가 어느 때인지를 아는 데에도 도움이 됩니다. 특정 시기에 영향력 있는 논문들이 다수 발표됐거나, 연구자들 사이에 논쟁이 벌어졌을 수도 있습니다. 이 경우에는 어떠한 사회적·학문적 맥락 속에서 그러한 현상이 나타났는지를 이해하는 것이 필요합니다. 발표 연대순 정렬은 그것을 돕습니다.

셋째, 최근에 누가 어떤 연구를 진행하고 있는지를 살필 수 있습니다. 어떤 문제에 대해 동일한 주장이 둘 이상의 논문에서 발견됐다면, 창의적인 견해를 세운 연구자가 누구이고 그를 뒤쫓아서 추종하는 연구자가 어떤 사람인지를 분별할 수 있습니다.

2. 논문 읽기와 연구사 노트

　이제 연구논문을 하나씩 읽어 갑시다. 가능하면 오래된 순서대로 읽는 것이 좋습니다. 발표된 지 가장 오랜 연구논문부터 하나씩 독파해 나갑시다.
　"선생님, 어떻게 읽나요. 소설책 읽듯이 읽나요, 아니면 다른 방법이 있습니까?"
　'역사논문 작성법' 강의 시간에 더러 이런 질문이 나오곤 합니다. 좋은 질문입니다. 이런 질문을 던질 줄 아는 학생들은 거개가 논문 읽을 마음의 준비를 이미 갖춘 진지하고 우수한 젊은이들이랍니다.
　역사논문 읽는 데에 왕도가 있는 것은 아닙니다. 반드시 따라야 하는 규칙 같은 것은 없습니다. 다만 아무런 계획 없이 맨 첫 페이지부터 목적 없이 읽어 내려가는 것은 권하고 싶지 않습니다. 왜냐고요? 위험하기 때문입니다.
　여러분의 역사논저 읽기는 학생 시절의 역사책 읽기와 달라야 합니다. 학생 시절에는 자신 앞에 제시된 역사 교과서의 한 문장 한 구절을 빠짐없이 받아들인다는 마음가짐을 갖습니다. 일방적인 수용자의 태도입니다. 지식 소비자의 관점입니다. 혹 책 속의 어떤 부분에 대해 의문이 생긴다 하더라도, 그 원인은 수용자 내부에 있는 것으로 간주됩니다. 학생이 사전에 미리 알았어야 할 선행 지식을 결여했거나 뭔가를 오해한 탓인 양 여기는 것인지요. 요컨대 역사 교과서의 내용은 무오류의 완전한 것으로 전제되어 있습니다.

지식 소비자가 아닌 생산자로 논문 읽기

여러분은 더 이상 수용자의 관점에서 역사논저를 읽어서는 안 됩니다. 여러분은 지식 소비자가 아니라 생산자이기 때문입니다. 여러분이 가져야 할 태도는 연구자의 태도입니다. 앞에 놓인 논문은 동료 연구자가 작성한 글입니다. 설혹 지도교수가 쓴 논문이라 하더라도 본질은 같습니다. 기존의 연구 성과를 요약하려는 의도를 갖고서 읽지 마십시오. 여러분에게 요구되는 것은 조사입니다. 선행 연구자가 어떤 문제를 제기했는지, 어떤 해답과 논지를 제시했는지, 그 논지를 뒷받침하는 근거로는 무엇을 제시했는지 등을 조사하기 바랍니다.

 자신의 견해를 갖는 것이 중요합니다. 역사적 대상에 관한 지식을 자신의 연구 결과에 의거해서 구축하는 것이지요. 자기만의 견해를 갖는 것은 쉽지 않습니다. 상당히 어려운 일입니다. 하지만 불가능하지는 않습니다. 앞선 시기 연구자들이 그러했듯 신진 연구자도 일정한 수련을 거친 뒤에는 자신의 견해를 가질 수 있게 될 것입니다.

자기의 생각을 중히 여기시기 바랍니다. 자신의 견해는 대상과 생각 사이의 교호 과정 속에서 생겨나기 때문입니다. 논문을 읽으면서 머릿속에 저절로 드는 생각이 있을 것입니다. 논문을 읽을 때 드는 생각, 이것이 중요합니다. 소홀히 여기지 마십시오. 붙잡아야 합니다. 붙잡아서 잊어버리지 않게 해야 합니다. 어떻게 해야 할까요?

'머릿속'에 떠오르는 생각을 메모하라

답은 메모에 있습니다. 글을 읽을 때 뭔가 생각나는 게 있으면, 아무리 사소한 것이라 하더라도 흘려보내지 마십시오. 기록해 두십시오. 이렇게 기록한 것을 '연구사 노트'라고 부릅시다. '연구사 노트'란 역사 연구자가 기존 연구논저를 읽으면서 드는 생각을 적어 놓은 기록을 가리킵니다. 그것은 기존 연구논문과 저서에 대한 연구자의 독후감입니다.

'머릿속에 떠오르는 생각'에 주목합시다. 어떤 것들일까요. 먼저 중요성에 대한 판단을 들 수 있습니다. 논문 속에 소재한 학술 정보 가운데 어떤 부분에 대해서 값어치가 높다는 판단이 들 때가 있습니다. 대개 이런 부분에는 밑줄을 긋거나 표시를 해두는 경우가 많습니다. 중요성에 대한 판단이 이루어지는 것이지요. 이런 부분은 연구사 노트에 메모해 두는 것이 좋습니다.

　의문이 들 경우도 있습니다. 논문을 읽으면서 석연치 않거나 앞뒤 모순되는 듯한 부분을 접할 때입니다. 고개가 갸우뚱거려진다면, 그 의문점을 놓치지 마십시오. 연구사 노트에 기록해 두시기 바랍니다. 의문의 내용을 가능한 한 자세히 적으십시오. 드물겠지만 반대의견이 떠오를 때도 있을 것입니다. 당연히 메모해야 합니다. 반대의견의 골자를 가능한 한 잘 정리된 언어로 표현하고, 더 나아가 반대의견이 어떤 논리적·실증적 근거 위에서 나온 것인지를 적어 놓으시기 바랍니다.

　"선생님, 고민이 있습니다. 연구논문의 내용이 어느 것이나 다 중요해 보입니다. 문장 하나하나가 다 기록해 둘 만한 가치가 있는 것 같습니다. 어떻게 할까요?"

　솔직한 질문입니다. 연구논문 읽은 경험이 적은 학생들이 자주 부딪치는 문제입니다. 이런 고민을 겪은 학생들이 작성한 연구사 노트는 분량이 많습니다. 논문 한 편을 읽으면서 A4 용지로 4~5쪽 분량의 기록을 남기는 경우도 적지 않습니다. 이는 바람직하지 않은 현상입니다. 신진 연구자 여러분이 앞으로 읽게 될 논문 숫자는 수십 개가 아니라 수백~수천 개 수준이 될 것이기 때문입니다. 그뿐인가요. 단행본은 어쩌시려고요. 그와 같은 방식으로 읽다 보면 하나의 단행본에 40~50쪽의 연구사 노트가 나올 가능성도 있습니다. 지나칩니다.

　"선생님. 논문을 읽을 때 아무 생각도 나지 않습니다. 옳은 말씀만 적혀 있어 내면의 동의만 계속됩니다. 이럴 땐 어떻게 하나요?"

좋은 질문입니다. 그럴 때에는 억지로 생각을 짜낼 필요는 없습니다. 다만 기록을 잊지 마세요. "별다른 생각이 나지 않았음. 몇 년 몇 월 며칠"이라고 적어 놓으십시오. 아무런 생각도 나지 않았다는 게 하나의 주목할 만한 정보가 됩니다. 다만 하나의 질문을 덧붙이기 권유합니다. '왜 아무런 생각도 나지 않은 것일까?'라는 질문 말입니다. 해당 연구 대상에 대해 아무런 사전 지식이 없기 때문이라거나, 논문 내부에 판독할 수 없는 외국어로 기술된 부분이 있기 때문이라는 등으로 답할 수 있을 것입니다. 이렇게 적어 놓으면 자신의 연구 잠재력을 강화하는 효과가 있습니다. 뒷날 언젠가 그 논문을 다시 읽을 일이 있을 겁니다. 그동안 자신의 생각이 어떻게 바뀌었는지, 얼마나 성장했는지 알 수 있습니다.

노트 작성 시 체크해야 할 네 가지

논문 한 편당 몇 쪽 정도의 연구사 노트를 작성해야 할까요. 정답이 따로 있지 않습니다. 중요한 논문이면 좀 더 길고, 그렇지 않다면 짧아도 좋습니다. 다만 너무 길어지지 않게 노력해야 합니다. 특히 논문 읽기를 이제 막 시작하는 신진 학도들의 경우에는 더욱 그렇습니다. 학술지 논문이나 석사학위 논문을 읽을 때에는 한 편당 메모 분량이 A4용지 1쪽을 넘지 않는 것이 바람직하다고 생각합니다. 단행본이나 박사학위 논문일 경우에는 1편당 A4용지 2쪽을 넘지 않는 것이 좋겠습니다.

연구논문을 읽을 때 반드시 체크해야 할 요점이 있습니다. 네 가지입니다. 이 네 가지 사항을 꼭 포함하여 연구사 노트를 작성하기 바랍니다. 첫째, 문제 제기입니다. 논문 필자가 어떠한 문제를 제기했는지 확인하는 일입니다. 달리 말하면 연구 목적을 어떻게 설정했는지 밝히는 일입니다. 논문은 서론에서 반드시 문제를 제기하도록 약속되어 있는 글쓰기 장르입니다. 서론을 주의 깊게 읽고 논문 필자가 어떠한 문제를 제기했는지, 연구 목적을 어떻게 표현하고 있는지 확인하기 바랍니다.

둘째, 어떤 사료를 활용하고 있는지 조사하기 바랍니다. 각주를 살펴보면 논문 필자가 활용한 사료적 근거를 확인할 수 있습니다. 논문의 본론에서 전개한 서사와 논지가 어떤 사료의 근거 위에서 이루어진 것인지를 살펴봐야 합니다. 필자가 활용한 모든 사료를 다 메모하라는 말은 아닙니다. 주 사료에 주목하시기 바랍니다. 주 사료가 있는지, 있다면 하나인지 아니면 둘인지 등을 살펴보십시오.

셋째, 어떠한 해답을 내렸는지 확인하십시오. 논문 서론에 제시한 문제의 해답이 어떻게 작성됐는지를 살펴봅니다. 아마 결론에 논지가 정리되어 있을 것입니다. 그에 주목할 필요가 있습니다. 더 나아가 그 논지가 어떠한 논리적·실증적 근거 위에서 입론됐는지를 논문의 본론 속에서 확인해야 합니다.

넷째, 개념어의 유무를 확인하시기 바랍니다. 만약 있다면 그 개념어의 내포와 외연이 어떻게 규정됐는지를 주목하십시오. 개념이란 구체적 대상에 내재하는 우연적 계기를 사상하고 필연적 계기를 추상화하여 도출한 관념 형태입니다. 다수의 대상에 내재하는 공통성을 추출하거나, 일정한 시공간 속에서 지속적으로 존재하는 속성을 포착하는 방법에 의해 도출됩니다. 따라서 신진 연구자는 기왕의 개념어가 어떠한 역사적 맥락 속에서 출현한 것인지, 추상화가 적절하게 이뤄졌는지 등을 따져야 합니다.

다만 모든 역사학 논문이 다 개념어를 제출하지는 않는다는 점에 유의하시기 바랍니다. 학술지 논문이나 석사학위 논문은 다루는 대상이 비교적 소규모에 해당하고 논문 분량이 많지 않기 때문에 개념어를 도출하지 않는 경우가 많습니다. 학술 단행본이나 박사학위 논문은 다릅니다. 개념어를 제시한 경우가 많습니다. 주의 깊게 살펴봐야 합니다.

이상 네 가지는 연구사 노트에 반드시 포함되어야 할 요소입니다. 반드시 필수적으로 포함해야 합니다. 이외에도 연구자 자신의 생각에 따라서 얼마든지 메모를 부가해도 좋습니다. 메모가 필요하다고 생각하는 중요한 정보, 오래도록 눈길을 붙잡은 인상 깊은 문장 등도 연구사 노트에 포함하세요. 기존 연구논문을 읽다가 자기 머릿속에 떠오르는 생각이 중요합니다. 남김없이 기록해 두시기 바랍니다.

연구사 노트를 어떻게 작성할까요. 사례를 들어보겠습니다. 식민지시대 지방사회 연구의 전성기를 이끈 일군의 연구자들 가운데 한 사람으로 꼽히는 김익한의 논문을 읽어 봅시다. 이 논문은 그의 박사학위 논문 가운데 한 챕터를 수정 보완하여 발표한 것입니다.[*]

---

[*] 金翼漢,〈植民地期朝鮮における地方支配體制の構築過程と農村社會變動〉, 東京: 東京大學大學院博士論文, 1996.

> **보기**

연구사 노트

김익한, 〈1920년대 일제의 지방지배정책과 그 성격〉, 《한국사연구》 93, 한국사연구회, 1996

【문제】 "일제가 조선의 자치 전통을 어떤 방법을 통해 무력화하려고 하였고, 그에 대체하여 어떠한 형태로 그리고 어떠한 계층을 동원하여 지방 지배를 실현하려고 했는가"(148쪽).
— 조선의 자치 전통이 일제시대에 무력화됐고, 그를 대신하여 일제의 지방 지배가 새로이 들어섰음을 전제하고 있다. '조선의 자치 전통'과 '일제의 지방 지배'를 대립적·적대적인 것으로 간주하는 점이 특징적이다.

【해답·논지】 일제의 지방정책 목표: "일제는 동리의 자치적 운영, 그리고 자치운영의 주도층인 지역 명망가층을 무력화시키는 것을 식민지 행정제도의 도입에 있어서 중요한 정책 목표로 설정하게 되었다"(149쪽).
— 일제의 지방정책 목표는 '지역 명망가층'을 무력화하는 데 있다고 간주한다.

"문화정치라는 이데올로기 선전 아래 1920년에 행하여진 제도 개정"은 "지역 명망가층을 지배체제 내로 포섭하기 위한 정책으로

서의 성격을 지니고 있다"고 본다(175쪽).

모범부락 정책은 "동리에 대한 직접 장악을 위해 취해진" 정책이다. "지역 명망가층에 대신하여 새로운 중심인물"을 세우고자 했다(176쪽). 중심인물은 어떤 사람인가. "전현직 관리가 중심인물 75명 가운데 46명으로 무려 61.3퍼센트에 이른"다(172쪽). 구체적으로는 구장, 면협의회원 등이 중심이다.

- '지역 명망가층'에 대립되는 사회세력으로 '중심인물'을 상정한다.
- '동리'가 공간적인 무대로 설정되어 있다. 동리란 '동洞'과 '리里'를 합한 용어다. 당대의 행정구역 편제상으로 볼 때 면面의 하위 단위다. 서너 개에서 십여 개까지 크고 작은 자연마을을 품은 최말단 행정단위다. 요컨대 '지역 명망가층'은 상급 행정구역인 면, 군郡, 도道 레벨의 명망가층을 가리키는 말로 사용되는 것은 아니다.

【개념어】 지역 명망가층: "지역 명망가층이란 경제적으로는 대체로 중소지주에 해당하겠지만, 역사적으로 조선 후기·한말 이래 재지 양반을 잇는 사회계층으로서 주로 읍치가 아니라 동리 지역에 거주하고 존위 등으로 불리면서 동리의 자치적 운영을 지도·담당하는 위치에 있었고, 학문적 소양을 지니고 있어 지역사회로부터 상당한 신망의 대상이 되었던 계층을 의미한다"(148~9쪽 각주 6). 동리의 자치기구를 주도적으로 운영하는 존재다. "한말에서부터 일제의 침략에 강력히 저항"했고, "강점 이후에도 저항의 강도

> 를 늦추지 않고 있었다"고 간주한다(149쪽).
>
> ─지역 명망가층을 '공공성'을 체현하는 '동리' 레벨의 존재라고 상정하고 있다. 경제적으로는 중소지주이고, 사회적으로는 동리 자치기구의 주도자이며, 정치적으로는 항일 저항세력이다. 그러나 실체가 잘 떠오르지 않는다. 조선 후기, 대한제국, 일제하 1920년대에 걸쳐서 도대체 누가 이런 역할을 감당했는가, 선뜻 떠올리기 어렵다. 인위적인 느낌이 든다. 구체적인 역사 속에서 그 존재를 실체감 있게 제시하는 것이 필요하다.

이 〈보기〉는 제가 작성한 연구사 노트의 한 부분입니다. 김익한의 학술지 논문을 읽고 '문제'와 '해답·논지', '개념어' 세 가지 요점을 정리했습니다. 또 그 논문을 읽으면서 떠올렸던 제 생각을 같이 적어 놓았습니다.

논문의 요점을 정리할 때에는 직접 인용과 고쳐 쓰기를 병용했습니다. 따옴표 안의 직접 인용 부분은 김익한의 표현을 그대로 옮긴 것이고, 따옴표 밖의 문장은 제가 그의 주장을 요약하여 고쳐 쓴 것입니다. 어느 경우든 쪽수를 표시해 두었습니다. 출처에 관한 정확한 정보는 나중에 글을 쓸 때 요긴하게 활용할 수 있습니다.

'【문제】, 【해답·논지】, 【개념어】' 등과 같은 표지는 역사 연구 초심자를 위해 달았습니다. 기존 연구를 읽을 때 요점을 빠트리지 않도록 하기 위해서입니다. 어느 정도 익숙해진 뒤라면 굳이 요점 표지를 달지 않아도 됩니다.

  제 머릿속에 떠오른 생각을 덧붙였습니다. 여기에 주의할 점이 있습니다. 저의 생각과 논문 필자의 견해가 혼동되지 않아야 합니다. 이를 위해 직관적으로 양자를 구분할 수 있는 장치가 필요합니다. 글자 색깔을 달리하거나, '*, #' 등과 같은 표지를 달거나, 괄호 안에 넣는 등의 장치 말입니다. 저는 시각적 구분을 중시했습니다. '글자 색깔'의 차이를 두어서 양자를 직관적으로 구별할 수 있게 했습니다.

3. 개시 국면의 연구사 정리

연구사 정리는 언제 가능하나요? 이 질문을 곰곰이 생각할 필요가 있습니다. 아무 때나 할 수 있는 것이 아니기 때문입니다. 상당한 정도의 독서와 조사를 거쳐야만 비로소 작성할 수 있습니다. 두 가지 조건이 구비되어야 합니다.

첫째, 연구논저 목록에 실린 논문과 저서를 모두 독파한 이후에야 가능합니다. 목록에 포함된 선행 논문을 읽지도 않은 채 연구사 정리를 시도한다는 것은 어불성설입니다. 둘째, 연구사 노트가 마련되어 있어야 합니다. 기존의 각 논문에 대해 문제, 논지, 주 사료, 개념어, 기타 관심사 등을 정리한 자신의 메모가 있어야 합니다. 연구사 정리는 그 메모를 종합하는 방법으로 수행하는 것입니다.

연구사 정리는 두 번 하는 것이 좋습니다. 이 말을 가벼이 듣지 마십시오. 여러분은 오랜 학문적 온축 끝에 터득한 중진 연구자의 노하우를 접하고 있는 겁니다. 다른 곳에서 접하기 어려운 비법을 전해 듣고 있습니다. 귀하게 여기시기 바랍니다.

연구사 정리는 두 번 해야

한 번은 논문을 작성하기 시작할 때 정리해야 합니다. '개시 국면의 연구사 정리'를 꾀해야 합니다. 주제를 확정하고 난 뒤에는 그에 관련된 기존 연구 성과를 조사하는 것이 당연하지 않겠습니까. 이때에는 이미 발표되어 있는 논문과 저서의 내용을 파악하는 것이 중요합니다. 모든 논문과 저서를 읽고 연구사 노트를 꼼꼼하게 작성할 필요가 있습니다.

'개시 국면의 연구사 정리'는 시기별 단계를 구획하여 살펴보는 것이 바람직합니다. 연구사의 흐름을 시기별 기준에 따라 1~3개 단계로 나누고, 각 단계별로 연구 내용과 특징을 정리하는 방식입니다. 기존 연구문헌이 많지 않다면 2개 단계로, 매우 많다면 3개 단계로 나누는 것이 적당합니다. 경우에 따라서는 단계를 구획하지 않을 수도 있습니다. 연구논문의 수효가 적거나 연구의 연륜이 짧을 때에는 그래도 좋습니다.

단계를 나누는 근거는 연구사 흐름에 내재되어 있습니다. 잘 들여다보십시오. 최초의 연구논문이 언제 출간됐는지를 확인하시기 바랍니다. 어떠한 연구 내적·외적 환경 때문에 그 대상에 대한 역사학 연구가 시작됐는지 조사해 보십시오. 초기 연구가 성립할 수 있었던 사료 근거는 무엇이었는지, 연구 내용과 특징은 어떠한지도 정리하시기 바랍니다. 혹여 특정 연간에 다수의 연구논문이 밀집해 있지는 않는가요? 만약 그렇다면, 그 주제에 대한 학문적·사회적 관심이 고조됐기 때문일 것입니다. 사료 여건이 획기적으로 개선됐기 때문일지도 모릅니다. 최근 몇 년간은 어떻습니까? 다수 논문이 출현했는지, 그렇지 않고 적막한 상태인지를 살펴보시기 바랍니다. 어느 쪽이든 이유가 있을 것입니다. 그 이유를 연구 내적·외적 양 측면에서 고찰해 보세요.

연구 성과 유형화 하기

연구사의 발전단계를 구획했다면, 이제는 연구 성과를 유형화 할 차례입니다. 유형화란 연구논문들 사이의 공통성과 차이점을 헤아려서 분류하는 일입니다. 경험상 2개 유형으로 나누는 것이 적당하다고 생각합니다.

  유형화 방식은 다루는 논문 숫자가 다수일 때 유용합니다. 논문 숫자가 한 손으로 꼽을 수 있는 정도라면 굳이 유형화 방식을 도입하지 않아도 무방합니다. 그러나 연구논문 숫자가 많다면 이야기가 달라집니다. 각 개별 논문별로 연구 내용을 소개하고 그 성과와 한계를 논하는 방식은 좋지 않습니다. 논문 수가 예닐곱이 넘는다면, 아니 열 개가 넘는 규모라면 그 논문들을 하나하나 나열하는 방식으로 내용을 검토하는 것은 무의미해집니다. 논문 수가 많다면 하나하나 연구 내용을 논하는 대신 유형화를 행하는 것이 불가피합니다.

이제 연구 개시 국면에서 수행해야 하는 연구사 정리를 마쳤습니다. 발표 시기를 기준으로 삼아 연구논저의 흐름을 점검했습니다. 그런데 또 한 번 연구사를 정리해야 할 때가 옵니다. 바로 원고 집필단계입니다. 집필에 들어갈 준비가 다 이루어진 때입니다. 주 사료와 관련 사료를 남김없이 분석한 뒤에야 비로소 도래하는 바로 그 시기입니다. 원고 집필단계가 되면 다시 한번 연구사를 정리해야 합니다. 다만 개시 국면의 연구사 정리와 다른 점이 있습니다. 기준이 다릅니다. 발표 시기가 아니라 연구자가 상정한 문제를 기준으로 삼아서 연구사를 살펴보아야 합니다. 이에 관한 설명은 '5장 원고 쓰기'에서 자세히 하겠습니다.

3장 사료 읽기

주제 설정
사료 탐색
연구논저 목록
문제 제기
연구논저의 검토
논문 읽기와 연구사 노트
개설서와 연구사 정리
사료 노트와 세포
사료 세포 작성법
주 사료와 비연속적인 관련 사료
문제의 확정
해답란 논지
개념어
사료 세포의 재분류
전진과 후퇴, 역사 글쓰기의 특징
서론 쓰기
결론 쓰기
본론 쓰기의 틀못
문장과 문체
인용 각주 참고문헌

1. 사료 노트와 세포

사료 노트란 연구자가 사료를 읽으면서 드는 생각을 적어 놓은 기록입니다. 그 속에는 사료에 담긴 갖가지 데이터 가운데 유용하다고 판단한 정보가 수집되어 있습니다. 또 수집된 정보에 대해 연구자가 행한 관찰과 분석도 포함되어 있습니다.

앞서 연구논저를 읽으면서 드는 생각을 적어 놓은 기록을 '연구사 노트'라고 했지요. '사료 노트'는 사료를 읽는 과정에서 산출되는 기록입니다. 이 두 가지 노트는 역사학자들의 일상적인 연구 노동의 소산입니다. 농민이 날마다 논밭에 나가 작물을 돌보듯이, 역사학자는 날마다 1차, 2차적인 자료로부터 역사 지식 구성에 유용한 정보를 캐내고 가꿉니다.

"왜 사료 노트를 작성합니까?"

사료 노트는 비망록입니다. 망각하지 않기 위해서 작성하는 기록입니다. 역사 연구자는 일상적으로 다수의 옛 기록들을 접합니다. 사료 더미 속에서 유용한 정보를 찾습니다. 그렇게 발견한 정보는 보관 처리해야 합니다. 정보를 기록으로 남겨 놓지 않으면 머지않아 잊어버리거나 잘못 기억하기 십상입니다.

정보의 보관 창고, 사료 노트

식재료에 비교할 수 있습니다. 시장에서 구매해 온 식재료를 보관 처리하지 않고 방치하면 어떻게 됩니까. 곧바로 요리 과정에 투입하지 않는 한, 변질되거나 부패하기 마련입니다. 그렇습니다. 사료에서 발견한 유용한 정보도 마찬가지입니다. 보관 처리하지 않으면 망실되고 맙니다. 그런 의미에서 보면, 사료 노트는 정보의 보관 창고이자 냉장고입니다.

   사료 노트는 역사 글쓰기를 위한 도구입니다. 논문이나 단행본 저술을 위한 수단이지요. 사료 노트 자체가 목적은 아닙니다. 예전에는 '독서카드'를 사용했습니다. 컴퓨터가 집필 도구로 사용되기 전에는 카드에 필요한 것을 기록했습니다. 사료를 읽으면서 메모할 가치가 있다고 판단되면 카드에 적었습니다. 역사 연구에 필요한 모든 것을 기록했습니다. 원문 일부를 나옴표 쳐서 인용하거니, 인용 문장에 대한 연구자의 사료 비판을 카드에 적었습니다. 때로는 사료 속의 장황한 긴 문장을 간추려서 요약하기도 했고, 외국어 문장을 현대 한국어로 번역해서 적기도 했습니다. 만년필이나 볼펜을 이용해 손으로 한 글자씩 적었습니다.

   카드는 A4 용지 절반쯤 되는 크기였고, 종이 두께는 노트지보다 약간 두꺼운 편이었습니다. 앞면에는 좌측 상단에 십자무늬가 그어져 있었습니다. 표제어를 적거나 출처를 표시할 곳이 지정되어 있었고, 수집된 정보나 분석된 정보를 적어 넣을 수 있는 본문에는 알맞은 간격의 밑줄이 그어져 있었습니다. 연구자의 취향에 따라 카드 양식이 달라지기도 했습니다. 문구점에서 판매하는 카드를 구매해서 사용하기도 했지만, 을지로 인쇄소 골목을 방문하여 직접 자가용 카드를 맞추는 호기를 부리기도 했지요.

디지털 시대의 '사료 세포'

컴퓨터가 집필 도구로 널리 사용되고 있는 오늘날에는 보기 어려운 매우 낯선 풍경입니다. '카드'를 역사 연구의 도구로 사용하는 관행은 국제적으로 널리 퍼져 있었던 것 같습니다. 이탈리아의 저명한 문학 연구자이자 소설가인 움베르토 에코도 자신의 저술 속에 카드에 관한 언급을 남겼습니다.

> 모든 것을 카드에 기록하는 것이 편리하고 유용하다. …… 만약 카드에다 문장을 옮겨 적지 않고 단순하게 '16페이지를 볼 것'이라고 써놓아도 곤란하다. 왜냐하면 원고를 작성하는 순간에는 모든 텍스트를 눈앞에 갖고 있어야만 인용문들을 적절히 조합할 수 있기 때문이다. 그러므로 처음에는 카드를 작성하는 데 시간을 빼앗기지만 결국 더 많은 시간을 얻게 된다.[*]

[*] 움베르트 에코 지음, 김운찬 옮김, 《(움베르토 에코의) 논문 잘 쓰는 방법》, 열린책들, 2001(신판), 180~181쪽.

카드 사용이 보편화한 까닭은 편리성과 유용성 때문이었습니다. 공감이 갑니다. 원고를 작성하는 순간에는 수집하고 분석하여 저장해 둔 텍스트를 책상 위에 펼쳐 놓을 수 있어야 한다는 문장에 말입니다. 그래야만 비로소 인용문들을 적절히 조합할 수 있다는 언급에 무릎을 칩니다. 실제로 문학·역사 연구자들의 집필 과정을 잘 묘사했다고 생각합니다.

사료 노트란 바로 독서카드를 컴퓨터에 옮겨 놓은 것과 같습니다. 아날로그 시대 여러 장의 카드를 쌓아 놓은 것, 그것이 바로 디지털 시대의 사료 노트입니다. 사료 노트는 여러 장의 카드가 집적된 것과 동일합니다.

사료 노트의 기본 단위에 대해 생각해 봅시다. 기본 단위란 사료 노트를 구성하는 불가분의 최소 단위를 뜻합니다. 아날로그 시대의 카드 한 장, 그것이 사료 노트의 기본 단위가 됩니다. 하지만 컴퓨터 파일로 옮겨지는 과정에서 카드라는 외형이 사라졌으므로 계속 카드라고 부르는 것은 적당하지 않은 것 같습니다. 다른 용어로 사료 노트의 기본 단위를 표현하고자 합니다. 생물학에서 말하는 '세포'라는 용어를 가져올까 합니다. 세포는 생명체의 기본 단위입니다. 그러므로 사료 노트를 구성하는 불가분의 최소 단위를 표현하는 데 적합하다고 생각합니다. 앞으로 '사료 노트 세포'라고 부르기로 하겠습니다. 줄여서 '사료 세포'라고도 호명할 수 있겠습니다.

2. 사료 세포 작성법

이제 사료 세포의 구성 요소에 대해 살펴보기로 합시다. 생명체의 '세포'가 미토콘드리아, 리보솜, 리소좀, 소포체, 세포막 등과 같은 요소들로 이루어져 있듯이 '사료 세포'도 여러 개의 구성 요소로 이뤄져 있습니다. 필수 요소는 네 가지입니다. ⑴ 표제어, ⑵ 출처, ⑶ 수집된 정보, ⑷ 가공된 정보가 그것입니다. 이 네 가지 요소는 아날로그 시대 독서카드에 기재하던 그것과 동일합니다. 그 특징이 고스란히 살아 있습니다. 이 중에서 하나만 결여되어도 사료 노트의 세포로서 기능을 다할 수 없습니다. 역사논문과 저서의 집필 도구라는 역할을 감당하지 못하게 됩니다.

표제어, 역사 정보를 구분·분류하기 위한 장치

먼저 표제어에 대해 말씀드리겠습니다. 표제어란 세포의 이름표입니다. 내용을 한눈에 알아볼 수 있게 요약한, 명사구이거나 짧은 문장입니다. 역사 정보를 구분·분류하기 위한 장치이지요. 표제어가 필요한 이유는 여러분이 만들게 될 사료 노트의 세포 숫자가 다수이기 때문입니다. 두서너 개 수준이라면 굳이 이름표를 붙이지 않아도 구분할 수 있을 겁니다. 직관적으로 각 사료 세포를 따로따로 인지할 수 있습니다.

하지만 머지않아 그 숫자가 늘어납니다. 한 자리가 아니라 두 자리, 세 자리 숫자로 늘어나게 됩니다. 학술지 논문 하나를 쓰려면 적어도 100개 이상의 세포가 필요하게 될 겁니다. 규모가 큰 논문을 쓰거나 단행본을 저술한다면 아마도 사료 세포가 수백 개, 천 수백 개에 달할 수도 있습니다. 따라서 첫 눈에 구별할 수 있게끔 이름표를 부착할 필요가 있습니다. 표제어의 미덕은 세포의 내용을 한눈에 알아볼 수 있도록 잘 요약하는 데 있습니다.

출처, 정보의 위치

다음으로 출처에 주목해야 합니다. 출처란 수집한 정보의 위치를 가리키는 말입니다. 역사 연구가 태생적으로 사료를 기반으로 이루어지는 것임을 상기하시기 바랍니다. 연구자는 다수의 사료를 뒤적이게 되며, 다양한 원천으로부터 각종 정보를 수집하게 됩니다. 그때마다 정보의 원천을 기록해 두어야 합니다. 그렇지 않으면 여러분은 곤경에 처하게 될 것입니다. 집필에 들어갔을 때 자기주장의 근거를 제시해야 하는 대목에서 틀림없이 당황하게 될 것입니다. 논문을 집필하기 위해 거쳤던 수많은 문헌들을 다시 하나하나 되짚어 가야 하기 때문입니다. 되짚어 간다 하더라도 출처를 찾아낼 수 있다고 확신할 수 없습니다. 사료 노트 작성 과정에서 필수적으로 출처를 표시해야 하는 이유는 바로 여기에 있습니다.

　출처에 관한 정보를 기재하는 일이 고역이라고 느끼는 분도 있겠지요. 거침없이 죽죽 나아가려는 독서를 방해하는 측면이 있으니 그럴 만도 합니다. 하지만 출처 표기는 역사 연구자의 자부심의 근거가 됩니다. 연구논문의 어느 구절, 어느 문장 하나도 사실에 근거하지 않은 게 없음을 증명하는 역할을 하기 때문입니다. 독자 대중이 역사 서술을 신뢰하는 이유이기도 합니다.

　출처 표기에는 일정한 규칙이 있습니다. 역사학 학술지마다 투고자들을 위한 지침 '원고 집필 요령'을 제시하고 있습니다. 그 속에 각주 표기 원칙이 적혀 있습니다. 우리는 《역사학보》의 지침에 의거하고자 합니다. 《역사학보》는 한국의 역사학 분야 학술지로는 현존하는 가장 오랜 것이고, 한국사를 포함하여 동양사, 서양사 연구논문을 다 같이 싣고 있기 때문입니다. 각 학술지마다 지침이 다소 다르기는 하지만 대동소이합니다. 그러므로 어느 한 지침에 익숙하게 된다면, 약간의 노력만으로도 다른 학술지의 지침에 맞게 자기 원고를 어렵지 않게 수정할 수 있을 것입니다.

　출처 표기의 예를 들겠습니다.

A. 임원근, 〈옥중기〉, 《삼천리》 1930년 9월호, 21~25쪽.
B. 고려공산당창립대표회준비위원회, 〈제1회 회록〉, 1924. 5. 7.,

1~2쪽, РГАСПИ ф.495 оп.135 д.91 л.2об.

사료 속 텍스트의 지은이와 문서 제목, 만들어진 시기를 분명히 표시하는 것이 중요합니다. 누가 어떤 문서를 언제 작성했는지 알아볼 수 있도록 적어야 합니다. 위 보기에 따르면, A의 지은이는 일제 식민지시대에 비밀결사 조선공산당에 가담했다는 이유로 두 번이나 투옥됐던 '임원근'이라는 사람입니다. 문서 제목은 〈옥중기〉입니다. 수록된 잡지 호수를 보니 두 번째 옥고를 치르고 석방된 지 얼마 안 지난 시기에 지은 회고록임을 짐작할 수 있습니다.

출처 B의 지은이는 단체입니다. '고려공산당창립대표회준비위원회'라는 긴 이름을 가진 단체로서 종래 '오르그뷰로'라고 부르던 것입니다. 문서 제목은 〈제1회 회록〉입니다. 단체 설립 이후에 맨 처음 작성된 회의록임을 알 수 있습니다. 값어치가 매우 높다고 예측할 수 있습니다. 회의록이 만들어진 시기를 '1924. 5. 7'이라고 특정했습니다. 누가, 언제 만든 어떤 성격의 문서인지가 출처 표기만으로도 뚜렷이 드러납니다. 맨 뒤에 문서의 소재지 정보를 적었습니다. 러시아 국립사회정치사 문서보관소РГАСПИ에 소장되어 있음을 보여 주고 있습니다. 'ф.495 оп.135 д.91 л.2об.'라는 표시는 문서보관소가 견지하고 있는 분류번호 정보입니다. 이 정보를 통해 문서의 소재지 정보를 정확히 제시할 수 있습니다.

수집된 정보

이어서 '수집된 정보'에 대해 말씀드리겠습니다. 사료에서 유용한 역사 정보를 수집하는 일은 역사 연구자의 가장 기본적인 업무입니다. 일상활동이라고 표현해도 틀리지 않으리라 생각합니다. 연구자들의 작업 시간 중에서 사료 읽기를 통해 유용한 정보를 수집하는 일이 가장 큰 비중을 점할 것입니다.

수집이란 사료 속에서 필요한 작은 부분을 끌어다 보관하는 일입니다. 사료를 읽다가 중요하다 싶은 정보를 만나게 되면 그것을 포획해야 합니다. 사냥꾼이라면 총과 덫을 이용하겠지만, 역사학자들은 다른 수단을 사용합니다. 바로 인용입니다.

인용이란 따옴표(" ")를 통해 필요한 정보를 사료 노트에 옮겨 적는 행위입니다. 과수를 재배하는 농민이 수확기에 과일을 따 모으듯이, 골동품 컬렉터가 시장에서 자신이 바라는 물품만을 선별하여 구매하듯이, 역사학자는 사료 더미 속에서 자신의 관심에 부합하는 정보를 선별합니다. 그 과정에서 필요성 여부에 관한 연구자의 판단이 개입합니다. 해당 정보가 내 연구에 중요하게 쓰일 가능성이 있는지 여부를 판별해야 합니다. 연구자의 주관이 작용하는 것이지요.

따옴표를 통해 인용할 때에는 사료 속 원문 그대로 옮기는 것이 중요합니다. 변개하거나 수정하는 행위는 허용되지 않습니다. 따옴표는 바로 원문 그대로 정보를 전한다는 것을 상징합니다.

다만 예외가 있습니다. 사료 속 텍스트가 외국어나 한문으로 된 경우입니다. 이럴 때에는 현대 한국어로 번역해서 사료 노트로 옮겨야 합니다. 번역에 오류가 있어서는 안 됩니다. 번역을 정확하게 하는 것은 연구자의 의무이자 기량을 보여 주는 잣대입니다.

사료 속 유용한 정보가 국한문 혼용체로 표현되어 있을 때에는 제한된 범위 내에서 변경이 허용됩니다. 맞춤법 표기의 전환이 가능합니다. 대한제국과 일제 식민지시대의 한글 텍스트는 맞춤법이 확정되기 전에 작성된 것이므로, 현대 맞춤법에 맞춰서 고쳐 쓰는 것이 허용됩니다. 한자를 한글로 변경할 수도 있습니다. 한글로 전환해도 의미가 제대로 전달되는 경우에는 사료 속 한자 표기를 한글로 전환할 수 있습니다. 단지 전환하면 의미가 통하지 않거나 불분명해지는 한자는 바꾸면 안 됩니다.

인용 외에 '고쳐 쓰기' 방식이 있습니다. 이 방식으로 사료 속 유용한 정보를 사료 노트로 옮길 수 있습니다. 사료 속 정보가 옥석이 뒤섞여 있는 경우라든가 분량이 지나치게 많은 경우에 이 방식을 사용합니다. 고쳐 쓰기 방식은 발췌 인용과 내용 축약을 배합하는 방식입니다. 짧은 따옴표를 사용하여 원문의 일부를 여러 곳 발췌 인용함과 동시에, 그에 연관된 원문의 일부를 간추려 요약합니다. 양자를 배합하는 과정에서 맥락에 관한 설명을 부가하는 경우가 많습니다.

이 방식은 난이도가 높습니다. 원문의 일부를 요약하고 맥락에 관한 설명을 부가하는 데 연구자의 두뇌 노동이 필요하기 때문입니다. 요약과 맥락 설명에 오류가 생길 가능성이 있습니다. 깊은 주의를 기울여야 합니다.

필요한 정보를 사료 노트로 수집해 올 때, '인용'과 '고쳐 쓰기' 두 가지 방식이 있음을 살펴보았습니다. 어느 방식이 더 유용한지는 수집할 정보의 형태와 성질 여하에 따라 결정됩니다.

정보의 세분화

이제 인용문이 둘 이상의 정보를 품고 있는 복잡한 것일 때, '세분화'가 필요하다는 점에 대해 말씀드리고자 합니다. 둘 이상의 정보를 내포한 인용문은 그렇지 않은 것에 비해 분량이 두텁습니다. 주의 깊게 보지 않으면 하나만 보고 다른 것들을 놓치기 쉽습니다. 세분화가 필요한 또 다른 이유가 있습니다. 사료에 대한 분석을 효과적으로 행하기 위해서입니다. 분석이란 대상을 구성 요소별로 나누어서 관찰하는 사유 형태입니다. 둘 이상의 정보를 혼합한 상태에서는 분석을 잘 하기 어렵습니다.

다음 쪽의 〈보기〉를 보십시오. 세분화를 통해 유용한 정보를 수집한 보기입니다. 이 사료 세포는 세 가지 구성 요소를 갖추고 있습니다. 첫째, 표제어를 붙였습니다. 〈공산당 제1차 사건 피고인들의 수감〉이라고 표제어를 달았습니다. 꼭 이렇게 표현해야만 하는 건 아닙니다. 표제어에 정답이 있는 것은 아닙니다. 임원근 개인사에 관심을 가진 연구자라면 〈임원근의 신의주 감옥 수감〉이라고 달아도 좋습니다.

둘째, 출처를 밝혔습니다. 1930년 9월호 잡지에 실린 글이므로, 신의주 감옥에 수감된 지 약 5년이 지난 시점임을 알 수 있습니다.

> 보기

(수집된 정보로만 이루어진 사료 세포)

공산당 제1차 사건 피고인들의 수감

출처
임원근, 〈옥중기〉, 《삼천리》 1930. 9, 21쪽.

【수감 일시】 "내가 세상에서 이르는바 '조선공산당' 사건에 관련이 되어 신의주 감옥에 수용을 당하게 된 것은 지금으로부터 6년 전 옛날 1925년 12월 12일 오후 2시경이었다.

【날씨】 국경의 삭풍은 오히려 때와 달리 온화한 편이었으나, 일기는 흐리고 눈발조차 드문드문 날리는 날이었다.

【수감자 일행】 우리 일행은 모두 열 사람이었으나 그 중에는 萬綠叢中一點紅 격으로 朱世竹 여사가 한 사람 섞이어 이채를 발하고 있었다.

【호송 상황】 그날 아침 검사국으로 넘어올 때에 신의주경찰서에서는 특히 우리 일행을 두텁게 대우한다 하여, 관례에 의한 手錠도 채우지 아니하고 간단한 포박만으로써 그날 아침 비번 순사들을 시켜서 우리 일행을 감옥까지 호송하였다."

이때 놓치지 말아야 할 것은 쪽수입니다. '21쪽'이라고 쪽수 정보를 기재했습니다.

 셋째, 수집된 정보를 갖추고 있습니다. 세분화를 통해 필요한 정보를 끌어왔는데요. 넷으로 분화됐음을 알 수 있습니다. 네 개의 세분된 정보마다 '소 표제'를 달았습니다. 대괄호(【 】) 표지로 구분했습니다. 따옴표 안이기 때문에 연구자가 부여한 '소 표제'임을 시각적으로 분별하기 위해 그와 같이 표지를 달았습니다.

 덧붙여 말하면 위 인용문은 원래 식민지시대에 통용되던 맞춤법에 따라 국한문 혼용체로 쓰여 있었습니다. 이 텍스트를 인용하는 과정에서 굳이 한자로 표현하지 않아도 되는 문자는 한글로 바꿨고, 맞춤법도 현대 맞춤법에 따랐습니다. 다만 한글로 적으면 불분명하게 될 수 있는 단어들은 한자 그대로 옮겨 왔습니다. 만록총중일점홍萬綠叢中一點紅이라는 한문 투 문구, 수정手錠이라는 일본식 한자, 주세죽朱世竹이라는 고유명사 등은 그대로 한자로 표기했습니다.

가공된 정보

이제 사료 세포의 네 번째 요소, 가공된 정보에 대해 알아보도록 합시다. 정보의 가공은 사료 읽기 가운데 가장 중요한 작업 공정입니다. 새로운 지식을 생산할 가능성이 있기 때문입니다. 수집된 정보만으로는 아직 새로운 지식을 만들었다고 보기 어렵습니다. 설령 분량이 많고, 정교하게 세분화됐으며, 소 표제를 적절히 부여했다 하더라도 말입니다. 새로운 지식은 수집된 정보에 연구자의 생각을 투여해야만 만들어질 수 있습니다.

따라서 연구자의 생각을 수집된 정보에 투여한다는 바로 그 지점에 눈길을 돌려야 합니다. 수집된 정보에 연구자의 생각을 부가하는 행위를 '가공'이라고 부르기로 합시다. 정보의 가공은 연구자의 생각을 어떻게 부가하느냐에 따라 두 가지 방식으로 나눌 수 있습니다.

하나는 자신의 생각을 직접 투여하는 방식입니다. 관찰과 분석이 주된 사유 형태가 됩니다. 관찰이란 주의를 기울여서 대상을 자세히 들여다보는 사유 형태입니다. 건성으로 띄엄띄엄 훑어보지 말아야 한다는 말입니다. 이를 통해 몇몇 사안에 대해서는 판단에 도달할 수 있습니다. '그것이다, 아니다'라는 판단, '같다, 다르다'라는 판단, '있다, 없다'는 등의 판단을 내릴 수 있습니다.

분석이란 복잡하게 얽혀 있는 대상을, 그를 구성하는 단순한 요소들로 나누어서 살펴보는 사유 형태입니다. 수집된 텍스트를 문장 단위로 하나하나 뜯어서 읽기를 권유합니다. 문장 마침표가 어디에 찍혀 있는지를 확인하면 몇 개 문장으로 이루어졌는지 알 수 있습니다. 그 문장들을 하나하나 살펴봅니다. 어디에 나의 관심을 끄는 정보가 담겨 있는지를 평가하면서 말입니다. 중요한 정보라고 판단되는 것이 있습니까? 그렇다면 그 문장을 다시 나누어서 관찰하기 바랍니다. 분석이란 이처럼 나누고 또 나누는 사유 행위입니다.

수집된 정보를 가공할 수 있는 또 하나의 방식은 타인의 생각을 투여하는 방식입니다. 여기서 타인은 주로 기존 연구자를 가리킵니다. 꼭 자기 주제에 관련된 연구 성과만으로 한정하는 것은 아닙니다. 전공을 가리지 않는 폭넓은 조사가 바람직합니다. 필요하다면 역사를 넘어 철학, 문학, 과학, 예술 방면으로 분야를 확장해도 좋습니다. 꼭 연구논문이나 저서만으로 한정할 필요도 없습니다. 도서관 검색, 아카이브 검색, 인터넷 검색 등을 통해서 두루 찾는 것이 좋습니다. 이를 통해 의문점을 해소할 수 있는 기존의 지식과 정보를 찾습니다.

 타인의 생각을 찾아 나설 때 여러분은 드넓은 정보의 바다에 떠 있는 듯한 느낌을 갖게 될 것입니다. 망망대해를 표류하는 듯한 느낌 말입니다. 그래서 나침판이 필요합니다. 어디로 가야 하는지, 무엇에 주목해야 하는지를 알려 주는 지침이 있으면 좋습니다. 정보를 가공하는 데에서 나침판 역할을 하는 것이 바로 '의문'입니다. 의문은 사유를 명료하게 할 수 있도록 돕습니다. 무엇을 알고 무엇을 모르는지 분명하게 하는 힘이 있습니다. 의문을 던지고 그에 대한 해답을 추구하는 과정에서 생각이 예리하게 날이 섭니다. 의문을 제기하는 것은 정보를 확장하거나 새로운 지식을 파생시킬 수 있는 좋은 방법이 됩니다. 따라서 여러분은 수집된 정보를 관찰할 때 의문점을 발굴하기 위해 노력할 필요가 있습니다. 세분화된 각 문장마다 확인을 요하거나 해결을 요하는 의문점이 없는지 눈여겨 관찰하시기 바랍니다. 다만 세분화된 모든 문장마다 의문점을 발굴해야 한다는 강박을 가질 필요는 없습니다. 한 사료 세포에서 한두 개의 의문을 발굴할 수 있다면 적절하다고 생각합니다.

수집된 정보에 타인의 생각을 투여하는 과정에서 비교와 추론이 주된 사유 형태가 됩니다. 비교란 쌍방 사이의 공통점과 차이점을 관찰하는 사유 작용입니다. 수집된 사료와 기존의 역사적 지식에 견주어 양자 사이에 무슨 특이점이 없는지를 관찰하시기 바랍니다. 추론이란 일미 알고 있는 확인된 지식에 근거하여 새로운 판단을 도출하는 사유 형태입니다. 수집된 사료와 기존의 역사 지식을 기반으로 논리적 규칙에 따라 새로운 지식을 이끌어 낼 수 있습니다.

오른쪽 〈보기〉를 보십시오. 수집된 정보에 기반하여 어떻게 가공된 정보를 이끌어 내는지 살펴보겠습니다. 앞서 살펴본 '공산당 제1차 사건 피고인들의 수감' 사료 세포에 가공된 정보를 덧붙였습니다.

〈보기〉와 같이 낯익은 이 사료 세포는 네 가지 구성 요소를 다 갖추게 됩니다. 하나의 세포가 형태상으로 완성됐다고 평가할 수 있습니다. 네 개의 세분된 정보가 있습니다만, 그중에서 두 개만 정보의 가공이 이뤄졌습니다. '날씨'와 '수감자 일행'이라는 소표제가 달린 두 정보에 대해 의문점 발굴과 관련 자료 조사를 수행했습니다. '날씨'에 관해서는 당시 발간되던 신문의 일기예보 기사를 조사하는 방법으로 의문을 해소했고요, '수감자 일행'에 관해서는 관찰을 통해 일부 명단을 확인했습니다. 미지의 명단에 대해서는 의문을 표함으로써 관련 자료의 조사를 스스로에게 지시했습니다. 아마 조선공산당 사건에 관한 총독부 기록에 정보가 담겨 있으리라 추정됩니다.

> **보기**
>
> **(수집된 정보와 가공된 정보 둘 다 갖춘 사료 세포)**
>
> ## 공산당 제1차 사건 피고인들의 수감
>
> **출처**
> 임원근, 〈옥중기〉, 《삼천리》 1930. 9, 21쪽.
>
> 【수감 일시】 "내가 세상에서 이르는 바 '조선공산당' 사건에 관련이 되어 신의주 감옥에 수용을 당하게 된 것은 지금으로부터 6년 전 옛날 1925년 12월 12일 오후 2시경이었다.
>
> 【날씨】 국경의 삭풍은 오히려 때와 달리 온화한 편이었으나, 일기는 흐리고 눈발조차 드문드문 날리는 날이었다.
> - 겨울이었는데도 온화한 편이었고, 흐린 날씨였다고 한다. 이 진술의 진위를 입증할 수 있을까? 당시 날씨에 관한 정보를 신문에서 확인할 수 있다. 《동아일보》 1925년 12월 12일자 〈천기예보〉 기사에는 "흐리고 한때 갬"이라고 예보되어 있다. 12일 정오 기온은 화씨 '30.9도'였다고 한다. 섭씨로 환산하면 '-0.6도'였다. 평년 기온은 그보다 낮았다. 전년도 같은 날 기온은 '20.7도', 달리 말하면 섭씨 '-6.3도'였다(《동아일보》 1925. 12. 13, 5면). 평년보다 6도쯤 높은 기온이었으므로 온화한 편이라고 느꼈을 법하다. 임원근의 기억이 실제에 부합하고, 디테일이 충실함을 확인할 수 있다. 이 회고담이 신뢰할 만한 것임을 보여 주는

지표다.

【수감자 일행】 우리 일행은 모두 열 사람이었으나 그중에는 萬綠叢中一點紅 격으로 朱世竹 여사가 한 사람 섞이어 이채를 발하고 있었다.
―함께 수감된 이는 10인이었고, 그중 여성은 주세죽 1인이었다. 10인 가운데 두 사람의 이름이 판명된 셈이다. 주세죽과 임원근이다. 수감된 다른 8인은 누구인가?

【호송 상황】 그날 아침 검사국으로 넘어올 때에 신의주경찰서에서는 특히 우리 일행을 두텁게 대우한다 하여, 관례에 의한 手錠도 채우지 아니하고 간단한 포박만으로써 그날 아침 비번 순사들을 시켜서 우리 일행을 감옥까지 호송하였다."

이 사료 세포는 네 가지 요소가 다 갖춰졌지만 최종적인 것이라고 판단하시면 안 됩니다. 앞으로 공부가 깊어짐에 따라 증보·확장될 것이기 때문입니다. 사료 읽기 범위가 넓어지시면 정보의 가공이 더 다채로워질 수 있습니다. '수감자 일행'에 관한 의문도 해소될 터이고요, '호송 상황'에 관한 조사 결과도 부가될 가능성이 있습니다. 이 사료 세포에는 사상범을 송치할 때 경찰서에서 감옥에 이르기까지 어떠한 관례가 있었는지에 관한 실마리가 드러나 있습니다. 두텁게 포박하고 수갑까지 채웠다고 합니다. 그 과정에 관심이 있다면, 이 정보를 실마리 삼아 조사 범위를 확장해도 좋겠습니다.

3. 주 사료와 비연속적인 관련 사료

지금까지 최초의 사료 세포를 만들었다면 기나긴 사료 읽기 여정의 첫발을 내디딘 셈입니다. 천 리 길도 한 걸음부터라고 했습니다. 이제 두 번째, 세 번째 세포를 만들어야 합니다. 더 나아가 십여 개, 수십 개, 백수십 개의 세포를 만들게 될 것입니다. 역사 연구자가 사료를 읽는다는 것은 곧 수십~수백 개의 세포로 구성된 사료 노트를 작성한다는 것과 같습니다.

세포의 형태와 크기는 연구 주제에 관련된 사료의 상태에 따라 달라집니다. 분량이 방대한 사료도 있고 짤막한 단편적인 것도 있습니다. 내용상으로 자신의 주제에 밀접한 사료도 있고 그렇지 않은 것도 있습니다. 특히 주제 밀접도가 사료 세포의 형태와 크기에 큰 영향을 줍니다. '주 사료'와 '관련 사료'를 나누어 살펴보겠습니다.

주 사료 읽기

주 사료란 자신의 연구 주제에 관련된 정보를 두텁고 풍부하게 내장하고 있는 사료입니다. 연구 대상에 관련된 정보를 취득할 수 있는 주된 근거가 되는 사료입니다. 그 속에 연구 대상에 관한 자초지종의 서사가 담겨 있고, 다른 사료의 도움 없이도 논문 구성의 근간을 세울 가능성을 갖고 있는 사료입니다.

음식에 비유하자면 핵심 식재료와 같습니다. 비프스테이크 2인분을 만들고자 하는 요리사에게는 스테이크용 등심 600그램이 반드시 있어야 합니다. 쇠고기가 핵심 식재료입니다. 그것이 없다면 아무리 뛰어난 기량을 지닌 요리사라 하더라도 비프스테이크를 만들 수 없습니다. 물론 양송이버섯이나 채소, 올리브 오일, 후추, 소금, 마늘, 대파 등도 필요하지만, 그 중요성이 쇠고기와 같지는 않습니다.

"연구논문 하나에 주 사료는 몇 개나 되나요?" 이렇게 묻는 학생들이 있습니다. 좋은 질문입니다. 그는 아마도 직접 사료를 탐색하거나 읽는 도중인 것 같습니다. 질문이 구체적인 것을 보니 말입니다. 정답이 있는 것은 아닙니다. 제 경험에 비추어 말씀드리면 연구논문 하나에 대략 1~2개의 주 사료가 있곤 했습니다. "더 많으면 어떻습니까?" 좋지요! 연구자로서는 큰 행운입니다.

주 사료에는 연구 대상에 관한 정보가 풍부하게 수록되어 있으므로, 그로부터 수집하는 정보의 분량이 많습니다. 다수의 사료 세포를 작성하게 됩니다. 주 사료에서 얻을 수 있는 사료 세포의 숫자를 미리 가늠해 보는 것이 좋습니다. 세포의 숫자는 주 사료의 분량에 좌우됩니다만 주제 밀접도에도 영향을 받습니다.

주제 밀접도를 기준으로 세포 분량을 예측할 수 있습니다. 보기를 들면 정보 수집률 30퍼센트 유형, 50퍼센트 유형, 90퍼센트 유형 등으로 표현할 수 있습니다. 사료 분량의 30퍼센트 정도를 사료 세포에 담는다면 정보 수집률 30퍼센트 유형에 속하는 것이지요.

'갑신정변'이나 '김옥균'을 연구 대상으로 선정한 연구자에게는 《갑신일록》이 주 사료가 될 것입니다. 《갑신일록》은 한문으로 작성된 회고록으로서 김옥균이 일본에 망명해 있던 1885년 후반기 즈음 지은 기록입니다. 그가 첫 번째로 일본에 방문했던 1881년 12월부터 갑신정변이 실패로 돌아간 1884년 12월까지 약 3년간의 사실이 기록되어 있습니다. 정변의 주도자가 작성한 기록이라는 점에서 획기적인 의의가 있는 사료라고 평가됩니다. 기존에 여러 연구자들이 이 기록에 주목한 것은 당연하다 하겠습니다. 이 주제에 달려든 신진 연구자도 마땅히 독자적으로 사료 읽기에 임해야 할 것입니다.

《갑신일록》은 원래 한문 필사본 형태로 전해져 내려옵니다만, 우수한 한글 번역본이 출간되어 있습니다.[*] 아직 한문 해독 능력이 충분하지 않다면 한글 번역본을 보아도 좋습니다. 《갑신일록》 한글 번역본은 105쪽입니다. 주제 밀접도를 기준으로 볼 때 정보

---

[*] 김옥균 지음, 조일문 역주, 《갑신일록》, 건국대학교출판부, 1977.

수집율 50퍼센트 유형의 사료라고 상정합시다. 그렇다면 여러분이 작성하게 될 사료 노트의 크기는 대략 예상할 수 있습니다. 번역본 2쪽이 A4 용지 1쪽에 해당한다고 볼 때, 사료 노트는 A4 용지 25쪽에 상당할 것이라고 예상할 수 있습니다. 아직은 수집된 정보의 크기입니다. 분석된 정보가 부가된다면 사료 노트의 크기는 더 늘어납니다. 분석된 정보 분량이 수집된 정보 분량의 2분의 1에 해당한다고 가정한다면, 여러분의 《갑신일록》 사료 노트 크기는 A4 용지 37쪽입니다. 1쪽에 사료 세포가 2개씩 포함한다고 계산하면, 여러분의 사료 세포의 숫자는 대략 76개입니다.

사료 세포의 숫자가 많습니다. 한눈에 다 들어오지 않을 정도로 많습니다. 바로 여기에서 정보의 분류 필요성이 제기됩니다. 사료 세포들을 내용상의 공통성이나 연관성을 기준으로 삼아서 몇 개의 그룹으로 묶어야 할 필요성 말입니다. 정보 수집률이 높은 주 사료 읽기를 어떻게 하는지 다음 쪽의 〈보기〉를 보십시오.

적당량의 세포를 묶어서 나눠 놓은 점이 눈에 띕니다. 분류를 했습니다. 〈양무·개화 세력의 분열〉, 〈정변 첫날, 12월 4일〉 등은 분류를 위한 소제목입니다. 이외에도 〈정변 둘째 날, 12월 5일〉, 〈정변 셋째 날, 12월 6일〉 등과 같은 소제목이 뒤를 잇지만 생략했습니다. 이들 각 소제목 아래에는 적게는 10여 개, 많게는 수십 개씩 사료 세포가 포함되어 있습니다.

> 보기

갑신일록

출처
김옥균 지음, 조일문 역주, 《갑신일록》, 건국대학교출판부, 1977(1쇄), 1993(3쇄)

양무·개화 세력의 분열

【1881년 12월 일본 출장】"개국 490년(*고종 18년, 1881)* 신미 12월에 우리 대군주의 명을 받들어 일본으로 건너가 유람하고,"(27쪽)
−개국 연호는 언제부터 썼나? 기존 연구에 따르면, 1894년 갑오개혁 때 군국기무처 결정으로 국내외 모든 공·사 문서에 '개국開國' 기년紀年을 사용할 것을 공포했다. 1896년에 건양으로 연호를 바꿨다. 그런데 개국 기년은 그 이전에도 사용됐음이 흥미롭다. 1876년 〈조일수호조규〉에 사용된 바 있으며, 그 후 여러 외국과 맺은 조약에서도 그러했다. 외교 문서에는 일찍부터 개국 기년이 사용되어 왔다고 알려져 있다(김미화, 〈근대 이행기 동아시아의 기년법〉, 《사회와 역사》 110, 186~189쪽). 그에 비하면 김옥균의 사용법은 이채롭다. 외교문서가 아닌데도 1894년 이전에 개국

*괄호 속에 별표 *를 부여한 것은 인용문 속에 연구자의 의견을 삽입했음을 표시하기 위함이다.

기년을 사용한 사례에 속한다.
- 당시 김옥균의 소임은 무엇? 체류 기간이 7개월이나 된다. 긴 기간이다. 재일본 행적을 확인할 것.

1882년 6월 임오군란 당시 일본에서 귀국하던 김옥균
【귀국길에 겪은 임오군란】 "이듬해(*1882) 임오 6월에 돌아오는 길에 아카마가세키赤馬關에 배를 대었다. 거기서 본국의 변란을 듣고, 일본 공사 하나부사 요시모토花房義質와 같은 배로 인천에 도착했다."
- 아카마가세키あかまがせき는 어디인가? 일본 야마구치현의 항구 도시 시모노세키下關시의 옛 이름이다. 1902년에 시모노세키로 개칭.
- 하나부사 요시모토花房義質(1842~1917). 일본 외교관. 임오군란 당시 조선 주재 일본공사. 일본적십자사 사장. 25세에 유럽에 유학. 이듬해까지 프랑스, 영국, 미국에서 배움. 1870년 외무성 관리로 임용되어 청국, 러시아 업무에 종사. 1877년 조선 주차 일본 대리공사, 1880년 서울 상주 일본공사관 초대공사 선임. 1882년 임오군란 때 군중에게 포위된 공사관을 탈출하여 일본으로 귀국. 일본군대와 함께 되돌아와 제물포조약 체결을 주도. 손해배상과 일본군의 서울 주둔을 이끌어 냄. 1883년 재러시아 특명전권공사로 임명. 1886년까지 상페테르부르그에서 근무. 그 후 귀국하여 궁내부 차관, 적십자사 사장을 지냄. 자작에 오름(임경석 외, 《한국근대외교사전》, 성균관대출판부, 2012, 617~8쪽).

"그때의 허다한 일들은 다 기록하지 못할 것이 있다."(27쪽)
—허다한 일을 겪었다고 한다. 흥미를 이끌어 내는 문장이다. 임오 군란 당시 김옥균의 행적을 확인할 것.

…(중략)…

정변 첫날, 12월 4일

거사 당일 준비 상황
【거사 일을 맞는 심리】"12월 4일. 구력 10월 17일 우정국의 연회가 바로 오늘 밤에 있으므로, 우리 당 동지들은 각각 밀령을 받고 모두 극히 마음을 경계하며 조심하였다."

【박영효가 다케조에와 맹세 다짐】"박군이 또 다케조에 竹添를 찾아가서 「맹세를 서로 어기지 말자는 뜻으로 다짐하였더니, 竹添이 웃으며 명령대로 하겠습니다」 하였다 한다."
—전해 들은 말이다.

【오후 4시 연회 준비 점검】"오후 4시에 나는 典洞 우정국에 가서 연회 준비 상황을 보았다. 홍군은 아침부터 이미 현지에 와 있었다. 들으니 각국 공사 중 竹添은 병으로 오지 못하고, 독일 영사도 병으로 오지 못하며, 그 밖의 사람들은 뜻대로 모두 모이기로 되었다 한다. 다만 윤태준은 마침 궁중의 숙직으로 오지 못하게 되었다. 이 사람은 본디 걱정할 것이 없는 사람이므로, 있으나 없으나

근심할 것이 못된다."
―윤태준은 네 사령관 가운데 한 사람. 후 영사. 그에 대해 과소평가를 하고 있다. 3인이 참석하므로 대세에 지장이 없다는 판단이다.

【궁중 내부 점검】"내가 집에 돌아오니 邊樹 군이 와서 모군의 뜻을 전달하기를, 「대군주께서 오늘 날이 밝은 뒤부터 밀린 公事를 재결하기 위해 그대로 잠자리에 들지 않고, 여러 承候官은 모두 오늘 오후 2시에 入對하였는데 일찍 물러가게 하였습니다」 한다. 나는 다시 변군으로 하여금 곧 궁중에 들어가서 (변군은 늘 궁중에 있으면서 가까이 모시는 자다) 무릇 듣고 본 바를, 오늘 밤 내가 대궐로 들어가는 즉시 상세히 보고하도록 하라는 내용의 다짐을 주었다."
―변수가 환관도 아니면서 어떻게 늘 궁중에 있을 수 있었나? 궐내 각사에 근무하는 관료였던 것으로 보인다. 그가 모군의 뜻을 전달했다고 한다. 모군이란 누구일까? 궁중 내부의 협력자인 듯하다.

【서재필 집 모의】"그리고 서재필 군의 집(곧 우리 집과 이웃하고 있다)으로 가니, 약속한 사람들이 모두 여기 모여서 기다리고 있었다. (82) 자세한 절차를 죽 이야기하고 결정 지으니, 날이 저물어 어두워졌다"(82~83쪽).
―당일 서재필 집에서 약속이 있었다. 모두 모여서 기다리고 있었다고 한다. 누구누구였을까? 서재필이 이끄는 사관생도들일 가능성이 높다.

우정국 연회석

【참가자】 "급히 우정국으로 달려가니 약속한 인원이 모두 모였다. 미국 공사 후트, 미국 서기관 스거딜, 영국 영사 아수돈, 청국 영사 陳樹棠, 서기관 譚賡堯, 일본 서기관 시마무라 히사시島村久, 통역 가와카미川上, 세관 雇人 穆麟德이었다. 우리나라 관원으로는 주인 홍영식, 금릉위 박영효, 독판 김홍집, 前營使 韓圭稷, 우영사 민영익, 좌영사 李祖淵, 승지 서광범, 승지 閔丙奭, 주사 윤치호, 司事 申樂均 및 나 18인(*19인)이 합석하였다."

【요리사에게 당부】 "나는 암암리에 요리사에게 부탁하여 천천히 올리게 하였다. 酒饌이 나왔다."

【시마무라와 암구호 실험】 "시마무라는 나와 나란히 앉아 이따금 일본 말로 서로 이야기하였다. 내가 「그대는 천天을 아는가」 하고 물으니, 시마무라는 「요로시」 하였다."
- '천'과 '요로시'는 암구호였다. 정변 참가자들끼리 아군을 식별 하는 구호였다.

…(생략)…

출처는 각 사료 세포마다 반드시 표기해야 합니다. 세포의 구성 요소이므로 누락하면 안 됩니다. 그런데 덩치가 큰 주 사료의 경우에는 세포마다 출처 표기가 반복되는 현상이 나타납니다. 답답하고 번거롭지요. 이를 피하기 위해 어떻게 했는지 눈여겨보시기 바랍니다. 맨 앞에 출처의 서지사항을 상세히 표기해 두고, 각 세포에는 간단히 쪽수만 표시해 두는 방식을 취했습니다.

수집된 정보가 2쪽에 걸쳐 있는 경우가 있습니다. 보기를 들면, '거사 당일 준비 상황'이라는 세포에 '(82~83)'이라고 쪽수를 가리킨 부분이 있습니다. 82쪽에서 83쪽에 걸쳐 있다는 표시인데요. 어디에서 페이지가 나뉘는지를 지시하기 위해 '82'라고 구분했습니다. 집필할 때 매우 유용하게 쓰일 것입니다. 아주 작은 노력이지만 실제 집필 시에 인용문의 소재지 정보를 정확히 제시할 수 있습니다.

주 사료 읽기의 또 다른 예를 들어보겠습니다. 이번에는 분량은 좀 더 적지만 정보 수집률이 훨씬 높은 주 사료입니다. 조선공산당 중앙집행위원회가 작성한 〈비서부 일기〉가 그에 해당합니다.[*] 비밀결사 조선공산당의 중앙집행위원회 책임비서 강달영이 1926년 3월 12일부터 5월 14일까지 약 두 달 동안 작성한 활동일지입니다. 일제 식민지시대에 사회주의 비밀결사가 어떻게 존재했고 어떻게 활동했는지를 보여 주는 최적의 사료입니다. 원래 암호로

---

[*] 조선공산당중앙집행위원회, 〈비서부 일기〉 1926. 3. 12~5. 14, 《조선사상운동조사자료》 제1집, 고등법원검사국사상부, 1932, 12~23쪽.

작성된 것인데, 불운하게도 수사 과정에서 암호체계가 뚫리고 말았습니다. 그 결과 일본 검사국의 내부 회람용 책자 《조선사상운동조사자료》라는 극비 간행물에 일본어로 번역되어 수록되었습니다. 12쪽 분량의 길지 않은 텍스트입니다만, 그 속에는 극히 간결하게 표현된 은밀한 정보가 풍부하게 담겨 있습니다.

따라서 일제하 사회주의운동사를 연구 대상으로 삼은 연구자라면, 정보 수집률을 높게 책정할 것입니다. 정보 수집률 90퍼센트의 사료라고 판단할 수 있겠습니다. 아니, 더 높게 해도 좋습니다. 버릴 게 하나도 없는 수집률 100퍼센트의 주 사료라고 해도 무방하겠습니다. 사료 노트 분량도 적지 않습니다. 수집된 정보에 합하여 가공된 정보까지 부가한다면 A4 10쪽 이상에 달하리라 예상됩니다. 텍스트가 극히 축약된 형태의 메모로 작성되어 있으므로 판독에 주의가 필요합니다. 비밀결사의 내부 조직, 국제당과의 비밀 연락, 경쟁하는 공산주의 그룹과의 관계, 당대회 준비, 자금 문제, 해외에 망명한 간부 당원과의 관계 등 어느 것 하나 복잡하지 않은 게 없는 정보들입니다. 단지 문장의 뜻만 옮기는 데 머물러서는 안 되고, 어떤 구체적 맥락 속에서 그 정보가 나온 것인지를 판별해야 합니다.

어떻게 분류할까요. 활동일지라는 자료 특성 때문에 날짜 단위로 정보가 집적되어 있다는 점에 유의할 필요가 있습니다. 섣불리 주제별로 정보를 해체·재조립하는 것보다는 시간 순서에 따라 날짜별로 수집·분류하는 것이 바람직하다고 판단했습니다. 이 경우에 사료 노트를 어떻게 작성하는지 〈보기〉를 들겠습니다.

> 보기

당중앙 비서부 일기

출처

조선공산당중앙집행위원회, 〈비서부 일기〉 1926. 3. 12~5. 14, 《조선사상운동조사자료》 제1집, 고등법원검사국사상부, 1932, 12~23쪽(비서부).

- 일본 경찰에 따르면 "전문이 부호 문자로 기입되어 있다"고 한다(비서부, 12). 원문은 암호로 표기되어 있었음을 알 수 있다.
- 〈비서부 일기〉를 누가 썼는가? 3월 11일자 〈회록 7〉에 따르면 "黃山(姜達永), 權赫(李準泰)를 비서부"에 배속한다는 결정이 이뤄졌다(《조선사상운동조사자료》 제1집, 9). 위 결정이 이루어진 다음 날부터 〈비서부 일기〉가 작성되기 시작했다는 사실이 주목된다. 이 일기는 강달영 아니면 이준태가 썼을 것이다. → 예측한 대로다. 1926년 3월 13일자 일기의 한 구절을 보면 누가 이 일기를 작성했는지를 알 수 있다. 강달영이 작성하고, 이준태가 깨끗이 옮겨 썼다고 한다. 일본 경찰도 강달영이 썼다고 파악하고 있다. 〈비서부 일기〉에는 기재가 누락된 곳이 있다. 1926년 4월 5일경부터 5월 11일까지는 공란이다. 이에 대해 일본 검사는 "姜達永이 南鮮 출장 중이라 일기를 기재하지 않은 모양이다"고 주석을 달았다(비서부, 23).

1926년 3월 '12일 맑음' 금요일

당 예산안 편성

"당 예산안 편성과 동 설명서 편성에 착수했다.
-3월 16일까지 계속됐다. 〈예산액 청구서〉는 1926. 3. 17일자로 작성됐다.

어제(*1926. 3. 11) 오후부터 인사동 46번지 金의 집에서 열었다"(비서부, 12).
-무엇을 열었는지 애매하다. 앞 문장과 더불어 해석해야 할까? 그곳에서 예산안과 설명서 작성을 위한 두 사람 이상의 모임이 열렸던 것으로 보인다. 인사동 46번지 김 아무개의 집도 비밀활동의 거점 가운데 하나다.

재 서울 세포 책임자회 1, 2 개최 상황
"오후 7시 반 洪悳裕 집에서 제1책임자회
-홍덕유의 집이 또 하나의 아지트다. 모임 장소는 이처럼 관련자의 집에서 이루어지는 것이 보통이었다. 제1책임자회 구성원은 洪悳裕, 朴一秉, 金昌俊, 魚秀甲 네 사람이었다.

오후 9시 具然欽 집에서 제2책임자회를 개최했다. 조직부 책임자 全德 동지가 사회를 맡았다"(비서부, 12).
-제2책임자회는 具然欽, 朴來源, 閔昌植, 鄭達憲, 全德 다섯 사람

이었다. 제1, 2책임자회란 경성시내에 있는 9개 세포 기구의 책임자들 모임이다. 구연흠의 집도 또 하나의 아지트다. 비밀회의 장소로 구성원의 집이 사용되고 있다.

'1926년 3월 13일 비가 조금 오다' 토요일

국제당 발송문서 작성
"어제 끝내지 못한 설명서를 權哲(李準泰) 동지로 하여금 깨끗이 옮겨 쓰게 했는데, 아직 마치지 못했으므로 오늘 발송이 불가능했다.
―비서부 일기의 지은이가 강달영임을 보여 주는 증거다. 강달영이 작성하고, 이준태가 깨끗이 옮겨 썼다고 한다. 발송이란 코민테른으로 보내는 것을 말한다. 발송선은 어떻게 이루어져 있었을까? → 박민영을 통하여 서울주재 소련총영사관에게 전달됐다.

會錄 未受理의 건을 정리하지 못했다"(비서부, 12).

국제당 연락대리인 접선의 어려움
"朴珉英을 3일에 걸쳐 회견하려고 했으나 하지 못했다"(비서부, 12).
―박민영을 만나려고 애쓴 까닭이 있다. 바로 국제당 앞으로 문서를 발송하기 위해서다. 3월 17일자 일기를 보라.

> ## 1926년 '3월 14일' 일요일
>
> **국제당 발송문서 작성 계속**
>
> "어제 끝내지 못한 일을 계속했다"(비서부, 12).
>
> −어제 끝내지 못한 일이란? 예산안 설명서를 정서하는 일, 회록 미수리의 건을 정리하는 일 등을 가리킨다.
>
> **중앙간부회 개최**
>
> "중앙간부회의를 열었다"(비서부, 13).
>
> −3월 11일에 뒤이어 열린 회의다. 이번에는 3일 만에 열렸다. 이 회의는 제8회에 해당한다.
>
> …(생략)…

출처 표기에 눈길이 갑니다. 서지사항을 기재하는 데 머물지 않고, 출처에 관한 상세한 설명을 덧붙였습니다. 사료의 저자, 상태, 작성 경위 등에 관한 정보를 적어 놓았습니다. 연구자가 활용하는 모든 사료마다 이렇게 할 수는 없겠지만, 주 사료일 경우에는 이처럼 출처 자체에 관한 정보를 충실히 모아 놓을 필요가 있습니다.

약호 표기에 주목하시기 바랍니다. 출처가 간략히 표시되어 있습니다. "조선공산당중앙집행위원회, 〈비서부 일기〉 1926. 3. 12 ~5. 14, 《조선사상운동조사자료》 제1집, 고등법원검사국사상부,

1932, 12~23쪽"이라고 적어야 할 곳에 '(비서부)'라는 약호를 대신 갖다 놓았습니다. 출처 표기의 반복을 줄이기 위한 장치입니다. 주 사료가 둘 이상이 될 때 이러한 약호 표기가 유용합니다. 주 사료가 하나라면 약호 표기 없이 페이지 표시만으로도 쉽사리 출처를 드러낼 수 있습니다. 그러나 주 사료가 복수로 있다면 페이지 표시만으로는 혼동을 초래하기 쉽습니다. 종횡무진으로 사방팔방에서 정보들을 가져와 문장을 짜는 국면에 이르렀을 때, 자칫 출처 불명의 쪽수만 기재된 사료 세포들에 둘러싸이기 십상입니다. 약호는 짧을수록 좋습니다. 두세 글자로 줄이도록 노력하십시오.

정보를 수집할 때 세분화를 잊지 않았습니다. 분석을 위해 매우 필요한 작업입니다. 다만 세분화된 정보에 소 표제를 달지 않았습니다. 축약된 방식으로 표현되어 있고 정보량이 매우 적어서, 굳이 달지 않더라도 내용을 직관적으로 인지할 수 있기 때문입니다.

정보를 가공하는 과정에서 화살표(→)를 사용한 점이 눈에 띕니다. 무엇일까요. 시간의 선후관계 표시입니다. 연구자가 적어도 두 번 이상 이 사료 노트를 들여다봤음을 뜻합니다. 화살표 왼편에는 첫 번째 작성할 당시의 의견을 적었고, 오른편에는 두 번째 작성 시의 의견을 적었습니다.

관련 사료 읽기

주 사료의 존재는 연구자에게는 큰 행운입니다. 연구 현장에서 자주 대하는 자료는 주 사료가 아닐 가능성이 더 높습니다. 탐색에 나선 연구자는 모든 사료가 자신의 연구 주제에 관련된 정보를 두텁고 풍부하게 내장하고 있지 않다는 사실을 깨닫게 됩니다. 연구 대상에 관련된 정보를 드물게 비연속적으로 갖고 있는 사료들을 더 자주 접하게 되지요. 다소나마 관심 정보를 포함한 사료를 발견하는 것만으로도 연구자는 기쁨을 느끼게 될 것입니다.

주 사료에서 얻는 사료 세포의 수는 수십 개 혹은 백 수십 개입니다. 하지만 비연속적인 관련 자료(자투리 사료)에서 얻는 것은 한두 개거나, 그다지 많지 않은 복수의 세포들입니다. 따라서 비연속적인 사료에서 정보를 캐내는 방법은 주 사료에서의 그것과 같지 않습니다.

어떤 점에서 차이가 있을까요? 첫째, 정보의 독립성입니다. 주 사료에서 캐내는 사료 세포들은 상호 연관되어 있습니다. 내용상 앞 세포와 뒤 세포가 연결되어 있습니다. 반면 비연속적 사료에서 얻는 세포는 독립되어 있습니다. 마치 초등학교 소풍 때 여흥으로 즐기던 보물찾기 놀이와 같습니다. 바위 밑이나 나뭇가지 사이에는 보물 쪽지가 숨겨져 있습니다. 어린이들은 그것을 찾으려고 주위를 샅샅이 뒤집니다. 요행히 보물 쪽지를 하나 발견했다 하더라도 제2, 제3의 쪽지를 발견하려면 새로운 노력이 필요합니다. 한 군데 조밀하게 모여 있지 않기 때문입니다. 이 나무 저 나무, 이 바위 저 바위를 낱낱이 뒤져야 합니다. 그와 마찬가지로 역사 연구자는 자기 주제에 관련된 정보를 발견하기 위해 이 사료, 저 사료를 낱낱이 조사해야 합니다. 그 정보들은 주 사료가 아닌 한 독립되어 있습니다. 고립된 것이라 말해도 틀리지 않습니다.

둘째, 출처 표기에 큰 차이가 있습니다. 주 사료에서는 약호 표기가 필요하지만, 비연속적 자투리 사료에서는 그렇지 않습니다. 비연속적 사료에서 얻은 세포의 출처는 그 자체로 완결된 형태로 표기되어야 합니다. 빠진 것 없이 꼭꼭 채워서 출처 표기를 해두어야 합니다.

셋째, 분류 방법이 다릅니다. 주 사료와는 달리 비연속적인 자투리 사료에서 얻는 세포들은 귀납적인 방법을 통해서만 그룹으로 묶을 수 있습니다. 사료 세포들이 수북이 쌓인 다음에야 비로소 내용의 동일성과 차별성을 구분할 수 있기 때문입니다. 세포들이 충분히 집적되기 전에는 집단으로 묶기 어렵습니다.

비연속적인 관련 사료 읽기의 사례를 들겠습니다. 1920년대 신문 자료를 읽다가 관심 있는 정보를 발견했습니다. 〈종로경찰서 폭탄 투척 사건(1923. 1. 12)에 관한 최초 보도 기사〉입니다. 이 사료 세포는 독립운동사 연구나 김상옥 인물 연구에 유용하게 쓰일 수 있습니다.

> 보기

종로경찰서 폭탄 투척 사건(1923.1.12)에 관한 최초 보도 기사

〈종로경찰서에 폭탄 투척〉,《동아일보》1923. 1. 14, '12일 밤 8시에 종로서 서편 창에 폭탄을 던지어 큰 소리를 내고 폭발'

【첫 보도, 첫 문장】 "12일 밤 8시 10분에 종로경찰서에 폭발탄을 던지었다. 8시 10분에 종로서 서편 동일당東一堂 간판점 모퉁이 길에서 어떤 사람이 경찰서 서창을 향하여 폭탄 한 개를 던졌는데, 굉장한 소리를 내며 폭발하였더라.
-폭탄을 던진 사람이 누군가? 의문이 있다. 일반적으로는 김상옥이라고 알려져 있다. 그러나 총독 암살을 목표로 국내에 잠입한 그에게 굳이 종로경찰서에 폭탄을 던져야 할 이유가 있는지 의심스럽다. 오히려 그와는 반대로 의심을 살 수 있는 일체 행동을 삼가고 잠복해 있어야 하지 않았을까. 이 사건으로 인해 강화된 경찰 수사망에, 잠복 중이던 김상옥이 예기치 않게 포착됐을 가능성이 높다.

【피해 상황】 '서편 창을 폭파한 폭탄 파편이 행인 5명을 상해.' 폭탄이 파열되매, 종로 네거리는 물론 부근 일대에는 졸지에 큰 소동이 일어난 것은 물론이오, 경찰서에 있는 숙직 경관들은 대경실색하여 일변 활동을 개시하며 일변 조사에 착수하였는데, 경찰서의 손해는 서편으로 난 유리창 두엇이 깨어졌으며, 폭탄이 터질 때에

마침 동일당 골목으로 지나가던 행인 다섯 명은 폭탄의 파편에 다 닥치어 부상하였더라.
─경찰서 피해 상황이 과소하게 표현된 듯하다.

【부상자7인】 '부상자는 경찰서에, 남자 다섯 사람은 매일신보 사원.' 폭탄이 파열될 때에 맞아 부상한 사람은 전부 일곱 명인데, 성명 주소는, '중상자' 부내 홍파동 78 매일신보사 기계부원 洪仁淳(30), 부내 蛤洞 53 동상 張相龍(26), 부내 杏村洞 40 동상 廉昌龍(21), '경상자' 부내 사직동 127 매일신보사 기계부원 朴鳳煥(27), 부내 필운동 293 동상 金永七(23), 부내 인사동 248 기생 元山月(18), 同所 鄭河榮(8) 등인데, 전기 7명 중 남자 5명은 현장에 넘어진 것을 즉시 경찰서로 떠미어다가 응급치료를 하고 기생과 아이는 즉시 집으로 돌려보냈더라.

【소년군 조철호 등의 현장 구호활동】 '소년군의 활동, 부상자를 응급구호.' 전기 부상자들이 폭탄의 파편에 맞아 넘어지자마자 마침 종로로 지나가던 조선소년군의 趙喆鎬 씨 외 두 명이 이 광경을 보고 즉시 달려들어 부상자에게 붕대를 감아 주었더라.
─놀라운 우연이다. 여기 이 장면에서 조철호가 등장하다니. 조철호(1890~1941): 1907년 대한제국 무관학교 입학, 1913년 일본사관학교 졸업. 일본군 장교로 복무 중 해외 망명 미수로 1년간 옥고. 오산학교 체육교사 근무 중 3·1운동 가담 혐의로 다시 투옥. 출옥 후 중앙고보 체육교사. 1922년 보이스카우트의 효시인

'조선소년군' 창단. 이후 소년운동 주도. 1926년 6·10만세운동 관련 혐의로 한때 피체. 1927년 북간도 이주. 동흥중학교 교사. 1930년 귀국, 조선소년군 총사령장 취임. 1939년 보성전문학교 교련 교관. 1941년 병사. 1990년 건국훈장 애국장 추서(김형목, 〈관산 조철호와 조선소년군의 역사적 위상〉,《중앙사론》 42, 2015. 12).

【검찰과 경찰 수뇌부의 동향】 '검사의 현장 臨檢, 경찰부장 이하 관계자가 모여들어.' 종로경찰서에 폭탄 사건이 일어나자, 경성지방법원에서는 大原 검사와 서기가 현장에 출장하여 엄중히 임검하였으며, 경찰부 각 과장과 시내 각 서장과 각 주임이 분주히 모여들어 범인 수색에 대한 의론을 하였더라(이상은 대략 12일 밤 본지 호외와 같음)."
—사건이 있던 1월 12일 밤에 호외가 발행됐다. 이 기사는 사건 발생 몇 시간 만에 발간된 호외에 실린 것이다. 사건 직후의 현장 주변 상황을 잘 보여 주고 있다.

신문 기사라는 특성 때문에 수집된 정보에 특이한 기호가 첨가되어 있습니다. 작은 따옴표(' ')가 그것입니다. 이는 신문 기사의 중간 타이틀을 가리킵니다. 굵은 볼드체나 큰 활자로 표현되는 중간 타이틀은 기자와 데스크의 시선을 보여 주는 것이기 때문에 유용하게 활용될 가능성이 있습니다. 그래서 작은 따옴표로 표시했습니다.

수집된 정보를 다섯 개로 세분화했고, 세분된 정보마다 소 표제를 달았습니다. 소 표제는 연구자가 부가한 것이므로 원 텍스트와 혼동을 피하기 위해 대괄호(【 】)로 표시했습니다. 혼란을 회피하기 위한 조치입니다. 따옴표(" ") 안에 놓여 있음에도 불구하고, 그것이 연구자가 부가한 가공된 정보임을 표시했습니다.

정보를 좀 더 본격적으로 가공하기 위해 문단을 달리해서 가공된 정보를 표시했고요. 글자 색도 바꿨습니다. 수집된 정보와 쉽게 구분하기 위해서입니다. 글자 색은 여러분의 취향을 살려서 달리 선택해도 좋습니다만, 시각적으로 바로 구분할 수 있어야 한다는 점을 유의하시기 바랍니다.

이와 같이 비연속적 사료로부터 얻는 독립적인 세포는 다종다양한 출처로부터 얻게 됩니다. 대체로 연대기 자료들로부터 이러한 독립적인 세포를 얻을 수 있습니다. 신문 자료가 그러하고, 《조선왕조실록》이나 개인의 사적 일기 등도 좋은 사례입니다.

4장 집필 전야

주제 선정
사료 탐색
연구논저 목록
문제 제기
연구논저의 정람
논문 읽기와 연구자 노트
개서 국면의 연구사 정리
사료 노트와 세포
사료 세포 작성법
주 사료와 비연속적인 관련 사료
문제의 확정
해답과 논지
개념어
사료 세포의 재분류
작전과 후퇴, 역사 글쓰기의 특징
서론 쓰기
결론 쓰기
본론 쓰기와 플롯
문장과 문체
인용 각주 참고문헌

'집필 전야'란 원고 쓰기로 넘어가기 전날 밤을 뜻합니다. 다음 단계가 시작되기 직전의 시기를 말하지요. 일찍이 경험한 적 없는 새로운 것이 몰려오고 있습니다. 성탄절 전야라든가 폭풍 전야 같은 용례에서 보듯 뭔가 긴장되고 흥분되는 느낌을 줍니다. 집필 전야에 해야 할 일도 그렇습니다. 긴장되고 흥분되는 일입니다. 지금까지 주로 연구 대상의 각 요소에 대한 분석적 연구에 힘을 쏟았다면, 이제는 연구 대상 전체에 관한 지식을 얻는 데 힘을 쏟아야 합니다. 수집하고 분석한 모든 정보들에 대한 종합을 꾀해야 할 때입니다.

종합이란 분석된 개개의 관념을 결합하여 새로운 관념을 구성하는 사유의 한 형태입니다. 분석의 반대말입니다. 분석이 대상을 각 요소로 분할하는 것이라면, 종합은 분석된 개개의 요소를 결합하는 행위입니다. 이 같은 결합을 통해 대상을 재구성하는 사유 형태입니다.

종합은 대상 전체에 관한 지식을 줍니다. 코끼리를 묘사한다고 합시다. 코와 다리, 꼬리, 몸통을 디테일하게 잘 묘사하는 것도 중요하지만, 전체적으로 보았을 때 코끼리다운 느낌이 들도록 각 부분 사이의 비례와 구도를 잘 짜야 합니다. 각 부분의 비례를 짜고 구도를 설정하는 것이 곧 종합입니다. 종합력이 논문의 성패를 좌우한다고 말해도 좋습니다. 연구 대상 전체를 관통하는 논리와 이미지를 얻을 수 있기 때문입니다. 이렇게 종합을 통해 재구성된 대상은 분석 이전의 혼돈된 덩어리가 아니라 내부 구조와 변화의 원리가 투명하게 드러난 새로운 대상입니다.

지금까지 긴 시간을 들여서 사료 읽기를 해왔습니다. 그리하여 연구 대상과 관련된 다수의 분석된 정보를 얻었습니다. 사료 읽기와 분석을 통해 구축한 두터운 사료 노트 속에는 백수십~수백 개의 사료 세포가 집적되어 있고, 각 세포는 수집된 정보와 분석된 정보로 이루어져 있습니다. 이제 해야 할 일은 분석된 정보들을 종합하는 일입니다. 속담에도 있지 않습니까. '구슬이 서 말이라도 꿰어야 보배'라고 했습니다. 각 세포를 결합하는 행위에 나서야 합니다. 다수의 세포들에 담긴 정보를 분류·정리해야 합니다.

백수십~수백 개의 사료 세포를 어떻게 정리할까요? 분류 기준과 체계가 있어야 합니다. 어떻게 기준과 체계를 세우시겠습니까. 잘 알려진 익숙한 분류체계에 따라 사료 세포를 배열할까요? 아닙니다. 그것은 경험이 적은 신진 연구자들이 자주 범하는 잘못입니다. 잘 알려진 체계가 어디서 왔는지를 생각해 보십시오. 기존 연구 성과에서 제시된 것일 겁니다. 나보다 앞서서 내 연구 주제에 관심을 가졌던 선배 연구자들이 개발한 체계일 가능성이 높습니다. 잘 알려진 체계를 사용하는 것은 독창적인 연구 성과의 생산을 목표로 하는 신진 연구자에게는 비효과적인 방식입니다. 권하고 싶지 않습니다. 독자적인 사료 조사와 분석을 거쳐서 새로운 해석의 가능성을 찾는, 신진 연구자의 창의가 반영되기 어렵기 때문입니다. 자칫하면 과거 선배 연구자들이 닦아 놓은 길을 뒤따라 걷는 결과가 되기 쉽습니다. 이미 만들어진 기성 역사상을 되새김질하는 데 머물 우려가 있습니다.

  자신만의 기준을 세우는 것이 필요합니다. 특히 원고를 쓰기 위해 이것저것 점검하는 집필 전야 단계에 와서는 반드시 그렇게 해야 합니다. 어떻게 연구자 자신의 기준과 체계를 만들 수 있을까요. 걱정하지 마십시오. 여러분은 이미 그것을 갖고 있습니다. 연구 초창기에 상정했던 연구 질문들이 그 실마리입니다.

1. 문제의 확정

　문제의 소재를 분명히 하기 바랍니다. 연구 초창기에 상정했던 질문들이 있습니다. 연구계획서를 작성할 때 여러 개의 후보 문제군을 설정해 놓았습니다. 연구문헌과 주 사료에 의거하여 여러 개의 질문을 던졌지요. 이제 선택할 때가 왔습니다. 여러 후보군 가운데에서 자신의 논문 전체를 논리적으로 이끌어 갈 수 있다고 판단되는 문제를 골라야 합니다.

　최종 선택입니다. 갈림길에 왔습니다. 본격적인 집필에 들어가는 길목입니다. 두 갈래 길이 앞에 놓여 있습니다. 이 길도 선택할 수 있고, 저 길도 선택할 수 있습니다. 그러나 한번 방향을 정해서 앞으로 나아가게 되면 되돌릴 수 없습니다. 가보지 않은 길이 아쉽고 그립겠지만, 되돌아갈 수는 없습니다. 한 번 확정하면 추후 변경하거나 취소하기 어렵다는 것을 잘 알아야 합니다. 집필을 앞두고 있는 연구자는, 비유하자면 강을 건너기 직전의 군대 사령관과 같습니다. 강을 건널 때에는 장수를 바꾸지 않는 법이라고 합니다. 마찬가지입니다. 집필 도중에는 문제를 바꾸면 안 됩니다. 온통 헝클어진 실타래가 되고 말 것입니다. 집필 전야 단계에서 확정한 문제는 논문 쓰기를 마칠 때까지 가지고 가야 합니다. 집필 도중에는 바꿀 수 없습니다.

하나의 문제만으로도 충분하다

주의할 점이 있습니다. 너무 많은 질문을 던지지 마십시오. 학술지 논문이나 학사·석사학위 논문과 같은 글에서는 하나의 문제를 세우는 편이 좋습니다. 박사학위 논문이나 단행본 저술과 같이 규모가 큰 저술도 그래야 한다고 생각합니다. 논문을 처음 집필하는, 경험이 적은 신진 연구자들 가운데 다음과 같이 걱정하는 분들이 있더군요. '문제를 하나만 세우면 부족하지 않습니까?', '하나의 문제만으로 논문 전체를 이끌어 가는 하중을 감당할 수 있나요?' 이렇게 되묻는 분들이 있습니다. 하지만 걱정하실 것 없습니다. 하나의 문제만으로 충분하기 때문입니다. 역사 연구자가 던지는 질문은 연구 대상의 인과관계와 상관성을 묻거나, 행위 주체와 대상의 속성에 관계되어 있는 문제들입니다. 추상도가 높은 문제들이지요. 따라서 그 내부에는 중층적인 하위 질문들이 잠재되어 있습니다. 문제를 풀어 가는 과정에서 추상적인 것으로부터 구체적인 것으로 상향하는 논리적 과정을 밟게 될 텐데, 그 과정에서 추상도 수준이 바뀔 때마다 여러 질문이 파생되기 마련입니다.

보기를 들겠습니다. 저는 〈1922년 상반기 재 서울 사회단체들의 분규와 그 성격〉이라는 논문을 작성할 때 하나의 문제를 제기했고, 그 하위에 세 개의 좀 더 구체적인 의문점을 제시했습니다.

이 글의 목적은 1922년 4~6월에 조선청년회연합회를 비롯한 주요 사회단체들이 왜 분규에 휘말렸는지를 밝히는 데에 있다. 분규의 양상이 어떠했는지, 분규 당사자들은 무슨 이유를 내걸고 다퉜는지, 그 결과 어떠한 일이 초래됐는지를 해명하고자 한다.[*]

논문의 전체를 관통하는 의문으로 '왜 분규가 일어났는지'를 물었습니다. 이어서 그 하위에 추상도가 낮은 세 질문을 부가했습니다. 분규의 원인을 밝히기 위해서는 그 양상을 알아야 하고, 분규 당사자들이 어떤 주장을 내세웠는지를 알아야 하고, 결과가 어떠했는지를 확인할 필요가 있습니다. 나중에 거론한 세 개의 하위 질문은 내용상으로 상위의 한 개 질문에 종속되어 있습니다. 따라서 왜 분규가 일어났는지를 묻는 하나의 질문만으로도 논문 전체를 너끈히 감당할 수 있었습니다.

---

[*] 임경석, 〈1922년 상반기 재 서울 사회단체들의 분규와 그 성격〉, 《사림》 25, 2006. 6, 212쪽.

두 가지 문제를 던지는 경우

경우에 따라 두 가지 문제를 던지는 것도 나쁘지 않습니다. 두 가지가 깊이 연관되어 있다면 말입니다. 저는 〈1925년 전조선기자대회 연구〉라는 논문을 작성할 때 두 가지 문제를 제시했습니다.

> 이 글에서 주목하고자 하는 문제는 다음 둘이다. 하나는 주도 세력에 관한 문제이다. 전조선기자대회를 화요회 계통의 사회주의 기자들이 주도했다는 견해를 비판적으로 재검토하고자 한다. ……둘째, 기자대회 진행 과정에서 좌우 이념 대립이 있었다는 견해를 재검토하고자 한다. 기자대회 석상에서 몇 가지 사안을 둘러싸고 첨예한 의견 대립이 표출되었음은 사실이다. 그러나 그 성격을 좌우 이념 대립으로 간주하는 것은 논쟁의 여지가 있다고 생각한다.*

이 논문을 지탱하는 문제는 두 가지입니다. 하나는 '대회를 주도한 세력이 누구인가'라는 물음이고, 다른 하나는 '대회 석상에서 표출된 의견 대립의 성격은 어떠한가'입니다. 두 문제는 내적으로 서로 연관되어 있습니다. 대회 참가자들의 의견 대립이 어떤 성격을 띠었는지를 알기 위해서는 대회를 주도한 세력이 누군지를 밝히는 것이 필요하기 때문입니다. 전자의 질문은 후자의 질문

---

*임경석, 〈1925년 전조선기자대회 연구〉, 《사림》 44, 2013. 2, 28쪽.

을 해명하기 위한 전제가 됩니다.

사료 속에서 문제 추출하는 법

문제를 제기할 때에는 기존 연구논문의 성과를 염두에 두어야 합니다. 연구 주제에 관한 선행 논문들이 쌓여 있을 경우에는 기존 학설의 논지와 대비하는 속에서 질문을 던져야 합니다. 그런데 선행 연구논문이 하나도 없거나 희소할 경우가 있습니다. 기존 학설의 성과와 한계를 제시하기 어렵습니다. 이럴 때에는 어떻게 질문을 던져야 할까요? 어렵지 않습니다. 다소 이례적이긴 하지만, 사료 속에서 문제를 추출하는 방법을 사용할 수 있습니다.

남근우의 논문 〈손진태의 민족문화론과 만선사학〉은 사료 속에서 문제를 추출한 사례입니다. 그는 1920년대 중반부터 1930년대 중반에 걸쳐 민속학자 손진태의 연구방법론이 어떻게 그리고 왜 변화했는지를 물었습니다. 그는 문제의 출발점을 사료 속에서 찾았습니다. 1948년에 출판된 손진태의 저술 《조선민족문화의 연구》의 서문을 읽다가, 남근우는 의문을 느꼈습니다. 거기에는 손진태가 자신의 과거 논문들을 동료 학자 여러분은 보지 말아 달라는 뜻이 표명되어 있습니다. 왜 그랬을까요? 손진태는 그 이유를 "내 자신의 방법론에 상당한 변화가 있어 과거의 논문은 전면적으로 일단 폐기하려는 의도인 까닭"이라고 말했습니다.[*] 도대체

---

[*] 남근우, 〈손진태의 민족문화론과 만선사학〉, 《역사와 현실》 28, 한국역사연구회, 1998.

어떤 방법론의 변화가 있었던 것일까, 연구자는 이러한 의문을 느꼈습니다. 여기서 중요한 것은 1차 자료의 독해 속에서 의문점을 발견했고, 그것을 발전시켜서 연구논문의 문제로 확정하는 데 성공했다는 점입니다.

이애숙의 논문 〈일제 말기 반파시즘 인민전선론―경성콤그룹을 중심으로〉도 사료 속에서 문제를 추출한 보기입니다.* 이 글의 연구 대상인 경성콤그룹은 일제 말기의 대표적인 공산주의 단체입니다. 이애숙은 경성콤그룹의 조직과 활동상은 어느 정도 밝혀졌지만 혁명론과 정책은 전혀 해명되지 않았음에 주목했습니다. 기관지와 같은 운동 당사자 측 사료가 발굴되지 않는 한 접근하기 어려운 주제입니다. 하지만 이애숙은 현존하는 재판 기록 속에서 단서를 발견했습니다. 경찰 심문 과정에서 작성된 1만 1,000페이지에 달하는 방대한 조서 기록이 그것입니다. 일본어 초서로 휘갈겨진 거친 펜글씨 문서 속에서 관련 정보들을 얻었습니다. 적절한 사료 비판을 병행한다면 유용하게 사용할 수 있는 정보들이었습니다. 이애숙은 경성콤그룹의 인민전선론과 인민정부론이 어떤 성격을 갖는지를 물었고, 그것을 연구논문의 문제로 확정할 수 있었습니다.

문제를 확정하는 것은 집필 전야 단계에서 반드시 수행해야 하는 과제입니다. 연구 대상 전체에 관한 지식을 얻기 위한 사유이기 때문입니다. 그것은 와이셔츠 첫 번째 단추 구멍을 끼우는 것

---

* 이애숙, 〈일제 말기 반파시즘 인민전선론―경성콤그룹을 중심으로〉, 《한국사연구》 126, 한국사연구회, 2004.

과 같습니다. 첫 단추를 제자리에 잘 끼우면 마지막 단추 구멍까지 가지런하게 정렬할 수 있습니다.

2. 해답과 논지

해답을 도출하시기 바랍니다. 문제가 있으면 해답도 있어야 하지 않겠습니까. 수학 문제라면 수식으로 해답을 구하겠지만, 역사학 논문에서는 언어로 답을 구합니다. 언어 표현을 날카롭게 다듬어서 분명한 문장으로 답을 내리기 바랍니다.

연구 과정에서 문제에 대한 여러 가지 가설을 세울 수 있습니다. 이렇게도 생각해 보고, 저렇게도 생각해 봅니다. 그것은 연역적으로 미리 설정한 가정들입니다. 그중에는 관찰이나 분석에 의해 뒷받침되는 것도 있고, 그렇지 못한 것도 있겠지요. 이제 집필 전야 단계에 와서는 최종 판단을 해야 합니다. 관찰과 분석을 통해 객관적으로 검증된 해답을 내놓아야 합니다. 검증에 의해 뒷받침되지 못한 가설은 폐기해야 하겠지요.

종합은 논문 전체를 관통하는 지식을 줍니다. 다각적인 논증과 증빙에 의해 뒷받침되는 논지를 생산할 수 있게 합니다. 논지란 문제의 해답을 정식화된 언어로 표현한 문장입니다. 그것은 팩트를 관찰하고, 비교하거나 분석한 결과이며, 종합을 거쳐서 얻게 된 연구 성과입니다. 보기를 들겠습니다. 저는 〈1922년 상반기 재서울 사회단체들의 분규와 그 성격〉이라는 논문을 쓸 때 왜 분규가 일어났는지를 문제 삼았습니다. 논문 속에 해답을 명시했습니다. 그해 4~6월에 서울의 사회단체들 사이에 뜨겁게 타오르던 분쟁은 사회주의운동의 내분이었다고 밝혔습니다. 초창기 국내 사회주의운동을 좌우하던 상해파 공산당에 맞서서 신진 사회주의자들이 전개한 반대 캠페인이었음을 드러냈습니다. 양자 사이에는 민족통일전선 정책에 대한 화해할 수 없는 차이가 게재되어 있었고, 거액의 모스크바 자금을 어디에 어떻게 사용해야 하는지에 대한 견해 차이가 부가되어 있었다고 해명했습니다. 그것이 바로 재서울 사회단체들의 분규를 가져온 원인이었습니다.

검증된 해답을 내놓아야

〈1925년 전조선기자대회 연구〉라는 논문에서는 두 가지 문제를 제기했습니다. 대회를 주도한 세력이 누구인지, 대회 석상에서 표출된 의견 대립의 성격은 무엇인지였지요. 논문 속에 해답을 명시하고자 노력했습니다. 기자대회를 주도한 세력은 화요회 공산주의 그룹이 아니라 4대 언론인 그룹의 연합체였다고 밝혔습니다. 조선일보, 동아일보, 천도교, 사회주의 언론인 그룹이 연대했습니다. 이 4대 언론인 연합 그룹은 대회 소집이라는 특정 목표를 공동으로 수행하는, 민족통일전선운동으로 발전할 가능성을 갖는, 한시적인 공동 행동기구였다고 규정했습니다. 한편 기자대회 본회의 내부 논란은 민족주의와 사회주의 세력의 이념 대립이 아니라 타협적 민족운동에 대한 반발 때문에 야기된 것이었음을 밝혔습니다. 민족주의자이건 사회주의자이건 상관없이 대다수 언론 종사자들이 식민통치체제에 대한 타협적 경향을 혐오했음을 드러냈습니다.

처음과 끝이 논리적으로 관련되어야

보기에서 확인한 것처럼 수미상관首尾相關이 중요합니다. 머리와 꼬리, 처음과 끝이 논리적으로 서로 관련되어 있어야 한다는 말입니다. 문제 제기에 상응하는 해답을 제시해야 합니다. 누구인지 물었다면 누구라고 답해야 하고, 무엇인지 물었다면 무엇이라고 답하는 것이 필요합니다.

앞서 소개했듯 상해 《독립신문》의 발간 주체를 문제로 삼았던 연구자가 있습니다. 어떤 해답을 내놓았는지 들여다봅시다. 그 연구자가 도출한 논지에 따르면, 《독립신문》의 발간 주체는 대한민국임시정부가 아니었습니다. 임시정부 직제 내에는 《독립신문》 발간기구나 임직원이 없었습니다. 또 일각에서 말하는 것처럼 안창호 개인이 발간했던 것도 아니라고 해명했습니다. 안창호가 큰 역할을 했지만 혼자서 모든 일을 했던 것은 아니고, 그를 도와서 신문 발간에 종사한 협력자들이 있음을 드러냈습니다. 이들을 묶어서 '안창호 그룹'이라는 용어를 사용했습니다. 《독립신문》 지면의 논조는 안창호가 임시정부에서 어떤 지위를 갖고 있었는지에 따라 바뀌었음도 밝혔습니다. 그가 수상(국무총리 대리)으로 일할 때, 노동국 총판으로 일할 때(1919년 10월 이후), 임시정부를 탈퇴했을 때(1921년 5월 이후) 논조가 변화했다고 합니다. 지면의 논조 변화는 연구자의 입론을 뒷받침하는 근거가 되고 있습니다.[*]

---

[*] 이한울, 〈상해판 《독립신문》과 안창호〉, 341~353쪽.

3. 개념어

역사 연구의 해답은 언어로 구성됩니다. 이는 자연과학과 구별되는 특징입니다. 예컨대 수학 연구의 해답이 수식으로 표현되는 것과 달리 역사 연구의 해답은 정식화된 언어로 표현됩니다. 따라서 역사 연구자는 자신의 논지를 표현하는 언어의 적절성을 숙고할 필요가 있습니다.

논지를 구성하는 요소들 가운데 가장 핵심적인 위치에는 개념어가 자리 잡고 있습니다. 개념은 대상의 현상과 외부적인 연관이 아니라 대상의 본질과 내부적인 연관을 표시합니다. 역사학자는 개념어를 사용함으로써 역사적 대상의 본질적 속성을 표현할 수 있습니다. 대상의 구조와 체계를 설명하는 데 유용합니다. 그뿐만이 아닙니다. 역사적 대상의 변화·발전에 내재하는 합법칙성을 드러낼 수 있습니다.

새로운 개념어를 사용할 때에는 의미를 명백히 해야 합니다. 개념의 내포와 외연을 명시해야 한다는 말입니다. 개념이 가리키는 대상의 특징과 성질이 어떠한지 제시해야 하고, 개념이 가리키는 대상의 범위가 어떠한지를 분명히 해야 합니다. 전자가 내포이고, 후자가 외연입니다.

개념어 만들기: 다자의 일자화

개념어는 어떻게 만들 수 있을까요? 그것은 연구 대상에 내재하는 속성을 추상화하는 과정에서 만들어집니다. 추상이란 역사적 대상의 우연적인 측면을 사상하고 필연적 측면을 부각하는 사유 양식입니다. 추상을 통해 대상의 합법칙성을 반영하는 하나의 개념에 도달할 수 있습니다. 추상화의 방법은 통계학에서 사용하는 계량화의 방법과 구분됩니다. 계량화가 양적 지표를 기준으로 삼는다면 추상화는 질적 지표를 기준으로 삼는다고 말할 수 있습니다.

개념어를 고안하는 방법을 구체적으로 모색해 봅시다. 그중 하나는 다수의 대상에 내재하는 공통성을 추출하는 데 있습니다. 달리 표현하면 다자多者를 일자一者화하는 방법입니다. 역사 연구자들은 이 방법을 즐겨 사용합니다. 보기를 들겠습니다.

김용섭은 '경영형 부농'이라는 개념어를 고안함으로써 근대 전환기의 거시적인 역사상을 구축했습니다. 이 개념어는 다수의 대상에 내재하는 공통성을 추출하는 방법으로 만들어졌습니다. 경영형 부농이란 17~18세기 조선 농촌에서 새로이 형성된 농민 계층으로서, 농법 전환을 선도하고 농지 임차를 통한 경영 확대를 추구하는 부유한 농민입니다. 이들은 시장을 대상으로 하는 상업적인 농업에 종사하며, 고용 노동력을 활용하여 농사를 짓습니다. 중세체제가 동요하다가 해체되는 과정에서 주체적으로 기능하는, 다음 시대를 열어 가는 새로운 사회세력입니다.* 이 개념은 오늘날에는 여러 가지 반론에 부딪치고 있습니다만, 연구사의 한 시기를 긋는 학문적 영향력을 갖고 있다고 평가할 수 있습니다.

'공산주의 그룹'이라는 개념도 다자를 일자화하는 방법을 통해 만들어졌습니다. 일제 식민지시대에는 여러 사회주의 단체들이 존재했습니다. 이 단체들의 공식 명칭은 공산당이나 공산동맹처럼 서로 비슷했으므로 여러 가지 별칭으로 불렸습니다. 상해파, 이르쿠츠크파, 화요파, 서울파, 북성회파, 노동당파, 엠엘파, 서상파, 국제선 등이 그것입니다. 그러나 이 용어 속에는 파벌이나 종파를 가리키는 부정적인 이미지가 담겨져 있습니다. 나는 부정적인 예단을 줄 수 있는 용어를 피하고 역사적 실재를 표현하는 데 적합한 용어를 사용할 필요가 있다고 생각했습니다. 그래서 여러 단체들에 내재하는 공통성을 추출하여 '공산주의 그룹'이라는 개념어를 만들었습니다. 공산주의 그룹은 일정한 조직적·정치적 공통성에 입각해서 형성된 비밀결사였습니다. 자체의 중앙기관과 세포단체를 갖고 있으며, 독자의 조직적 규율을 갖춘 하나의 조직체였습니다. 또 독자의 정치사상과 정책을 갖춘 하나의 정치세

---

* 김용섭, 〈조선 후기의 경영형 부농과 상업적 농업〉, 《신정증보판 조선후기 농업사 연구》Ⅱ, 지식산업사, 2007, 433~437쪽. 초판은 1971년에 간행됨.

력이기도 했습니다. 공개 영역의 합법적인 사회단체와 일정한 연관을 갖고 있었지만, 그것과 명백히 구분되는 별개의 실체였습니다.* 이 용어는 줄여서 '공산그룹'이라고도 쓰는데, 일제하 사회주의운동의 주체를 표시하는 데 유용하다는 평가를 받고 있습니다.

개념어 만들기: 상태, 변화, 모순의 속성을 언어화 하기

개념어를 만드는 또 하나의 방법이 있습니다. 일정한 시공간 속에서 지속되는 대상의 속성을 언어화하는 방법입니다. 시간과 공간의 변화 속에서도 변함없이 관찰되는 공통된 속성을 발견하는 것이지요. 특히 다루고자 하는 대상이 다수가 아니라 소수이거나 단수일 때 이 방법을 유용하게 사용할 수 있습니다.

보기를 들겠습니다. 지수걸이 사용한 '관료·유지 지배체제'라는 개념어는 바로 이 방법에 의거한 것입니다. 그는 일제 식민지시대에 조선의 지방사회에서 지속적으로 존재한 지배체제의 속성을 관료·유지 지배체제로 표현했습니다. 그것은 물리적 억압기구나 이데올로기 기구를 총동원하여 일제가 형성·발전시킨 지배 조직과 제도 혹은 메커니즘이나 양식을 말합니다. 이 개념어는 '유지 집단'이라는 연관 개념어를 수반하고 있습니다. '유지 집단'은 일제가 강제와 동의에 기초한 국가 헤게모니를 지방사회 내부에 관철시키기 위해 의도적으로 형성한 총독정치의 매개 집단으로서

---

* 임경석, 〈공산주의 운동사 연구의 의의와 과제〉, 《역사와 현실》 28, 1998, 22~23쪽.

재력, 사회활동 능력, 당국의 신용, 사회 인망을 고루 갖춘 지방사회의 유력자 집단을 가리킵니다.* 지수걸의 개념어는 연구자들의 큰 관심을 받았습니다. 일제시대 지방사회사 연구의 열기를 고조시키는 촉발제 역할을 했습니다.

박찬승이 사용한 '민족주의 우파'와 '민족주의 좌파'라는 용어도 이 방법에 따른 것입니다. 두 개의 대상 사이에 모순되는 성질이 일정 기간 지속되는 현상에 착안한 것입니다. 그에 따르면 민족주의 우파란 3·1운동의 열풍이 지나간 이후 시기에 우선 실력을 양성하고 뒤에 독립을 도모해야 한다고 주장하는 민족주의자들을 가리킵니다. 이와 달리 '민족주의 좌파'는 설령 독립이 곧바로 이루어질 수 없다 하더라도 끊임없이 조선 민족의 자결을 주장하고 식민지 통치정책을 비판하면서 동시에 독립에 대비한 실력도 길러야 한다고 주장하는 민족주의자들을 의미합니다.** 이 한 쌍의 개념어는 일제 식민지시대 한국 민족주의의 존재 양태를 설명하는 용어로 널리 수용되었습니다. 1920년대 정치사와 독립운동사를 설명할 때, 그리고 신간회를 비롯한 민족통일전선운동의 역사를 기술할 때 유용하게 사용되어 왔습니다.

천수진이 사용한 '소국 외교론'과 '소국 외교정책'이라는 용어도 대상에 내재하는 속성을 언어화하는 방법으로 만들어졌습니

---

* 지수걸, 〈일제하 전남 순천지역의 소작인 조합운동과 관료·유지 지배체제〉, 《한국사연구》 96, 1997, 79쪽.
** 박찬승, 〈일제 지배하 한국 민족주의의 형성과 분화〉, 《한국독립운동사연구》 15, 독립기념관 독립운동사연구소, 2000, 56쪽.

다. 이 용어는 1885~1887년 거문도 사건 당시 조선 정부가 취한 외교정책의 특성을 추상화한 것입니다. 소국으로서의 자기 인식을 바탕으로 서양의 근대 국제법적 조약체제와 동아시아의 조공책봉관계를 모두 활용하는 외교론과 정책을 가리킵니다. 목적은 자국의 자주권 보호와 생존을 꾀하는 데 있다고 합니다.[*]

이외에도 서세동점의 위기 속에서 조선 정부가 택했던 외교정책에 대해서는 개념적 논의가 풍부합니다. 한승훈은 '균세정책론'이라는 용어를 사용했습니다. 국제사회에 공론화하는 방법을 통해 열강의 침탈을 저지하려는 약소국의 정책을 지칭하는 말입니다.[**] 기무라 간木村幹은 개항기 조선 지식인들의 대외 인식과 자의식의 특성을 가리켜 '소국의식'이라는 용어를 사용했고,[***] 조경달은 초기 개화파의 사상에 내재하는 속성을 '소국주의'라는 용어로 포착했습니다.[****] 이처럼 대상에 내재하는 지속적 속성을 추출하여 개념어를 개발하는 것은 역사 연구자들이 즐겨 사용하는 방법입니다. 이러한 노력이 역사에 대한 심층적 이해를 돕는다는 점은 명백합니다. 신진 연구자의 대열에 진입하는 여러분도 잘 활용해 보시기 바랍니다.

---

[*] 천수진, 〈거문도사건을 통해 본 1880년대 조선의 자국인식과 외교정책〉, 《사림》 66, 2018, 131쪽.
[**] 한승훈, 〈19세기 후반 조선의 대영정책 연구(1874~1895)−조선의 균세정책과 영국의 간섭정책의 관계 정립과 균열〉, 고려대 박사학위 논문, 2015.
[***] 기무라 간木村幹, 김세덕 옮김, 《조선·한국의 내셔널리즘과 소국의식》, 산처럼, 2007.
[****] 趙景達, 〈朝鮮における大國主義と小國主意の相剋−初期開化派の思想〉, 《朝鮮史研究會論文集》 22, 1985.

4. 사료 세포의 재분류

여러분의 사료 노트에는 다수의 사료 세포가 집적되어 있습니다. 오랜 기간에 걸쳐 사료를 천착한 덕분입니다. 여러분은 사료를 읽으면서 자기 연구 대상과 관련된 정보를 수집하고, 수집된 정보를 분석해 왔습니다. 적게는 백수십 개, 많게는 수백 개 세포가 쌓여 있을 것입니다. 이 사료 세포들은 여러분이 작성하는 역사논문의 근거가 됩니다.

여러분이 구축한 많은 사료 세포들이 어떻게 분류되어 있는지 되돌아보시기 바랍니다. 주로 여러분이 읽은 사료 원천별로 나뉘어 있을 것입니다. 정보의 본래 소재처 별로 집단화되어 있을 것입니다. 이러한 사료 세포의 편제는 자연스러운 소산입니다. 사료를 읽는 순서가 여러분이 구상하는 장·절의 순서와 같지 않을 것이기 때문입니다. 어제 읽은 어떤 사료는 쓰고자 하는 논문의 제3장에 관련되고, 오늘 읽게 될 또 다른 사료는 제1장에 관련된 것일 수 있습니다. 어떤 사료는 제2장과 제4장에 공통적으로 연관된 것일 수도 있습니다.

사료 세포 재분류: 장·절 구성과 일치하게

따라서 집필 전야에는 수백 개 사료 세포를 재분류해야 합니다. 일정 기준에 따라 세포들을 다시 배열할 필요가 있습니다. 그렇다면 어떤 기준에 따라 사료 세포를 재정렬해야 할까요. 이때 유의할 점이 있습니다. 기성의 익숙한 체계를 기준으로 삼아서는 안 된다는 점입니다. 기성의 익숙한 체계가 어디서 온 것인지 곰곰이 생각해 보십시다. 아마 십중팔구는 그 연원이 기존 연구 성과에 닿아 있을 것입니다. 선행 연구에 의해 만들어진 기성 역사상에 의거하게 되면 신진 연구자들은 새로운 역사 지식을 만들어 낼 자신의 소임을 다하기 어렵게 됩니다. 그저 익숙한 기성의 역사상을 재현하는 데 머물기 쉽습니다.

새로운 창의적인 기준을 세워야 합니다. 다행스럽게도 여러분은 이미 자신만의 기준을 갖추고 있습니다. 바로 연구 질문과 해답이 그것입니다. 이미 연구 질문을 확성했고 그에 대한 해답을 도출했습니다. 그것이 기준이 됩니다. 여러분은 그를 통하여 수백 개 사료 세포를 분류할 자신만의 기준을 확보할 수 있습니다. 그것을 기준점으로 삼아 사료 세포들을 연결하는 체계를 짤 수 있습니다. 자신이 제기한 문제와 그 해답에 어울리는 사료 세포 분류 체계를 구성하면 됩니다.

분류는 논리적 층위에 따라 단선적으로 하거나 복층으로 짤 수 있습니다. 단선적으로 짤 경우에는 9개가 넘지 않게 구성하는 것이 바람직합니다. 한눈에 파악할 수 있어야 하기 때문입니다. 복층으로 짤 때에는 먼저 제1층위에 서너 개의 상위 그룹을 설정하고, 제2층위에 같은 수만큼 하위 그룹을 배치하는 것이 좋습니다. 왜냐하면 집필 전야에 행하는 사료 세포 재분류는 곧바로 논문 글쓰기의 장·절 구성과 연결되기 때문입니다. 다시 말해서 사료 세포 분류체계는 곧 자신이 집필하는 역사논문의 장과 절로 전화될 수 있습니다.

사료 세포 재분류의 사례

보기를 들겠습니다. 《역사와 현실》 76호(2010. 6)에 실린 논문 〈상해판 《독립신문》과 안창호〉의 목차에 주목하시기 바랍니다(〈그림 1〉). 지은이가 수행했을 사료 세포의 재분류 윤곽을 잘 보여 주고 있습니다.

이 논문의 지은이는 필시 《독립신문》을 주 사료로 선택했을 겁니다. 《독립신문》의 지면을 샅샅이 관찰하여, 자신의 연구 주제와 관련된 정보를 수집하고 분석했을 것입니다. 단지 《독립신문》 지면만 들여다보지는 않았겠지요. 일본 영사관 경찰의 정보문서철과 상해 망명객들이 남긴 일기, 회고록 등의 기록도 살폈습니다. 이러한 정황은 각주에 적혀 있는 출처 정보를 통해 확인할 수 있습니다. 아마도 사료 노트의 편제는 텍스트별로 이루어졌을 겁니다. '안창호 일기'에 대한 사료 세포, 《독립신문》 사료 세포, 영사관 경찰 정보 문서의 사료 세포, 그 밖의 여러 원천에 대한 사료 세포들을 만들었겠지요.

집필 전야 국면에서는 여러 사료 세포를 재배열했을 겁니다. 자신이 설정한 문제와 해답에 조응하는 방식으로 사료 세포들을 '헤쳐 모여' 시켰을 겁니다. 논문의 목차에는 재배열 편제가 반영되어 있습니다. 복층으로 짰군요. 제1층위를 둘로 설정했습니다. 신문의 발행 주체와 신문 지면의 논조 변화로 말입니다. 제2층위에는 각각 세 개의 하위 그룹을 배치했습니다. '독립신문의 발행 주체' 장에는 3개 하위 그룹이 설정됐습니다. 신문사의 창간, 운영진, 재정에 관한 절입니다. 여기에는 아마도 경찰의 정보 문서와 당사자

상해판 『독립신문』과 안창호

이 한 울*

머리말
1. 『독립신문』의 발행 주체
   1) 『독립신문』의 창간
   2) 독립신문사의 운영진
   3) 독립신문사의 재정
2. 『독립신문』의 논조 변화와 그 성격
   1) 제1기 : 창간부터 통합정부 출범까지
   2) 제2기 : 통합정부 출범부터 안창호의 사퇴까지
   3) 제3기 : 안창호의 국민대표회 소집 주창 이후
맺음말

〈그림 1〉 사료 세포의 재분류 윤곽을 보여 주는 논문 목차 사례

기록에서 얻은 사료 세포가 배치됐을 겁니다. '《독립신문》의 논조 변화와 그 성격' 장에도 3개 하위 그룹이 할당됐는데요, 여기에는 주로 《독립신문》 지면에 관한 사료 세포가 담겼을 것입니다.

이제까지의 사료 재분류에 관한 논의를 점검해 봅시다. 집필 전야에는 사료 노트에 담긴 정보들을 재결합할 필요가 있습니다. 연구 대상 전체에 관한 지식을 얻기 위해서는 분석된 여러 요소들을 종합해야 합니다. 대상에 관한 기성의 익숙한 체계를 기준으로 정보를 결합하는 것은 회피해야 합니다. 창의적인 연구 성과를 얻고자 고투하는 연구자라면 자신이 제기한 연구 질문과 해답의 특성에 적절하게 어울리는 체계를 선정하기 바랍니다. 이것을 철칙으로 해야 합니다. 잘 알려진 분류체계가 아니라 자신이 제기한 문제·해답의 특성에 상응하는 체계에 의거하여 정보를 분류·정리해야 합니다.

5장 원고 쓰기

주제 선정
사료 탐색
연구논지 목록
문제 제기
연구논지의 정립
논문 읽기와 연구사 노트
개시 국면의 연구사 정리
사료 노트와 재료
사료 색포 작성법
주 사료와 비연속적인 관련 사료
문제의 확정
해답과 논지
개념어
사료 세우기 재봉무
전진과 후퇴: 역사 글쓰기의 특성
서론 쓰기
결론 쓰기
본론 쓰기와 플롯
문장과 문체
인용 각주 참고문헌

1. 전진과 후퇴: 역사 글쓰기의 특성

사료를 다 검토했습니까? 주 사료든 자투리 사료든 이제 더 이상 분석해야 할 사료가 남아 있지 않다고 판단될 때까지 여러분의 사료 노트 작성은 지속되어야 합니다. 검토하지 않은 사료가 없다고 판단되면, 연구는 다음 단계로 나아가야 합니다. 연구 주제에 관련된 주 사료와 자투리 사료를 남김없이 모두 읽는 것은 연구자의 성실성 의무에 속합니다. 마땅히 그렇게 해야 합니다. 이제 대망의 집필단계로 나아가도 좋습니다. 이 장에서는 집필로 나아가기 직전에 해야 할 조치들에 관해 설명하겠습니다. '집필 전야'에 할 일들입니다.

연구 과정은 순차적이지 않다

모순되는 경향이 있을 수 있습니다. 그러나 자연계의 만물이 모순되는 것과의 대립 속에서 운동하듯, 연구 과정의 단계적 발전도 모순되는 경향과의 통일 속에서 진행된다는 점에 유의해야 합니다. 구심력이 있으면 원심력도 작용하듯, 역사 연구의 단계적 발전은 무질서한 비순차성과 더불어 나타납니다. 각 단계가 똑 부러지게 나뉘지 않는다는 말입니다. 학부생들의 논문 작성을 지도한 미국인 교수들도 같은 얘기를 했습니다. "연구의 과정은 한 단계가 끝나면 그 다음 단계로 넘어가는 질서 있고 순차적인 과정이 아니다"라고까지 말했습니다.* 그렇습니다. 구체적인 역사 연구 현장에서는 비순차성이 두드러집니다.

사료 읽기와 집필은 병행한다

이 책의 목차를 유심히 살펴본 분은 아시겠지만, 역사 연구 과정을 다섯 개 단계로 나누어서 설명하고 있습니다. 연구계획서, 연구사 정리, 사료 읽기, 정보의 종합, 집필이 그것입니다. 이 단계들은 장기·거시적인 시점에서 본 연구 과정입니다. 하지만 매일매일의 구체적인 연구 현장에서는 그와 다른 양상을 경험합니다. 연구 과정이 시계열적으로 한 단계 한 난계 상향 발전하기는커녕 전진하다가 막혀서 후퇴를 하기 십상입니다. 연구계획서를 작성한 뒤 연구사 정리와 사료 노트 작성에 들어갔는데 장벽에 부딪칠 수도 있습니다. 그 장벽을 뚫기 위해 노력하겠지만 결국 뚫을 수 없음

---

* W.부스·G.컬럼·J.윌리엄스, 양기석 옮김, 《학술논문작성법》, 나남출판, 2000, 65쪽.

을 알게 됐다면 되돌아가야 합니다. 아마 연구계획서를 재검토하는 단계로 되돌아가야 할지도 모릅니다.

집필단계에 들어갔는데 후퇴해야 하는 경우도 있습니다. 사료 노트 확장으로 혹은 연구사 정리로 다시 되돌아가야겠다고 절감할 수 있습니다. 설령 그런 상황에 놓인다 하더라도 낙망하지 마세요. 거의 모든 연구자들이 공통으로 겪는 경험이기 때문입니다. 구체적인 역사 연구 과정은 앞에서 뒤로, 뒤에서 앞으로, 전진과 후퇴를 반복합니다. 앞으로 한두 발자국 전진하다가도 이미 밟아 온 단계로 되돌아가며, 그러다가 어느새 새로운 단계로 진입하는 자신을 발견하게 될 겁니다.

구체적인 연구 현장의 이런 특성을 고려하여 연구 전략을 지혜롭게 짤 필요가 있습니다. 다섯 개의 과제를 단계적으로 수행하는 것이 아니라, 복수의 과제를 동시에 수행하는 방법을 선택하시기 권유합니다. '사료 읽기'와 '집필' 두 과제의 관계가 특히 그러합니다. 경험이 적은 연구자는 오해하기 쉽습니다. 먼저 모든 사료를 다 읽고 난 뒤에 비로소 집필에 착수한다고 계획할 가능성이 짙습니다. 단계적 방법론입니다. 하지만 앞서 말한 이유 때문에 그것보다는 두 과제를 동시에 수행하는 방법을 택하기를 권합니다. 사료 노트 작성이 어느 정도 궤도에 올랐으면 집필을 병행해도 좋습니다.

에드워드 카는 역사가들이 역사를 서술할 때 어떻게 진행시키는지를 묻는 '비전문가들'의 질문에 대해 이렇게 대답했습니다.

아마도 극히 상식적으로는 역사가들은 명확히 구분되는 두 개의 단계나 시기로 일을 갈라 놓고 해나갈 것이라고 생각할 것입니다. 즉 우선 사료를 읽고 노트에 사실을 채워 넣는 데에 긴 준비 시간을 소비하고, 이 일이 끝난 다음에는 사료는 치워 놓고 노트 앞에 앉아서 처음부터 끝까지 책을 써 내려간다는 것입니다. 그러나 나에게 있어서는 이런 광경이란 납득이 안 갈 뿐만 아니라 그럴듯해 보이지도 않습니다. 내 경우에는 우선 기본 사료라고 생각되는 것을 조금만 읽기 시작하면 근질증을 참을 수 없어서 그대로 쓰기 시작하게 되는 것입니다. 그 부분이 처음 부분이어야 한다는 법도 없고 어디거나 상관없습니다. 그 다음부터는 읽는 것과 쓰는 것은 동시에 병행되어 나갑니다. 한편으로는 읽어가며 한편으로는 써 붙이고, 깎아 내고 다시 쓰고, 지워 버리고 하는 것입니다. 읽는 것은 씀으로 해서 인도되고 방향이 제시되고 풍부해지는 것입니다. 즉 쓰면 쓸수록 내가 찾고 있는 것이 무엇인가를 더욱 잘 알게 되고 내가 찾아낸 것의 의미와 연관성을 더욱 잘 이해하게 되는 것입니다. (중략) 내가 확신하는 바로서는 적어도 역사가라고 부를 만한 사람에게 있어서는 경제학자들이 'in put'과 'out put'이라고 부르는 이 두 개의 과정은 동시에 진행되는 것이고, 실제에 있어서는 단일 과정의 두 부분이라는 것입니다.[*]

---

[*] 에드워드 카 E.H.Carr 지음, 길현모 옮김, 《역사란 무엇인가》, 탐구당, 1990, 35~36쪽.

에드워드 카도 두 과제를 동시에 수행하는 연구 전략을 구사하고 있음을 확인할 수 있습니다. 사료 읽기와 원고 집필을 동시에 병행한다는 언급이 눈길을 끕니다. 역사 연구 경험이 풍부한 연구자들은 대체로 동의할 것이라 생각합니다. 이러한 연구 전략을 구사하는 연구자라면 복잡한 연구 과정을 효율적으로 관리할 수 있을 것이라 믿습니다.

2. 서론 쓰기

역사논문의 서론에서는 두 가지를 명백히 하는 것이 중요합니다. 하나는 문제를 명백히 제기하는 것이고, 다른 하나는 그 문제가 과거에 연구자들에 의해 어떻게 다뤄져 왔는지를 밝히는 것입니다.

문제 제기

어떻게 해야 문제를 명백히 제기할 수 있을까요? 다행스럽게도 이 문제에 관해 일찍부터 고민해 왔고, 그에 상응한 성취가 있습니다. 연구계획서 단계에서 이미 문제가 될 만한 후보군 리스트를 작성한 바 있습니다. 그뿐만이 아닙니다. 집필 전야 단계에서 하나의 문제를 확정한 바 있습니다. 요컨대 어떠한 문제를 던질지를 이미 정해 놓은 상태입니다. 이제 독자에게 설득력 있게 전달하는 것이 과제가 됩니다. 문제 삼는 것이 왜 의미 있는지를 독자가 이해할 수 있도록 설명할 필요가 있습니다.

　논문에서 다루고자 하는 문제는 연구 대상에 질문을 부가한 것임을 상기하시기 바랍니다. 따라서 연구 대상을 먼저 설명하는 것이 좋습니다. 연구 대상이 어떤 것인지, 연구 대상이 역사적 맥락 속에서 어떻게 형성됐는지를 자초지종 소개해 주십시오. 무슨 이야기를 하려는지, 이 주제가 왜 중요한지를 독자에게 친절하게 알려 주십시오. 그러면 독자들은 어렵지 않게 논문의 연구 대상에 대해 관심을 가질 수 있을 것입니다. 논문에서 다루고자 하는 대상에 대해 흥미를 느끼게 될 것입니다.

　보기를 들겠습니다. 상해 《독립신문》의 발간 주체가 누구인지를 문제로 제기하려 합니까? 그렇다면 논문의 서론을 상해 《독립신문》에 관한 설명으로 시작하는 것이 좋겠습니다. 상해 《독립신문》이 무엇이고, 역사적 맥락 속에서 어떻게 형성됐는지를 평이하게 설명할 필요가 있습니다. 연구 대상이 어떠한 것인지 소개하는 것입니다. 뒤이어 질문을 부가하기 바랍니다. 물음표를 사용하여 발간 주체가 누구인지를 묻는 질문을 던지십시오. 혹은 연구 목적이 이러저러하다는 방식으로 표현해도 좋겠습니다.

　1925년 전조선기자대회의 주도세력이 누군지를 묻고자 합니까? 그렇다면 먼저 전조선기자대회가 무엇인지, 역사적 맥락 속에서 그것이 어떻게 형성됐는지를 설명할 필요가 있습니다. 연구 대상이 무엇인지를 먼저 소개하는 것입니다. 그 다음에 질문을 덧붙이기 바랍니다. 전조선기자대회를 소집하고 준비하는 과정에서 어떤 세력이 주도적 역할을 했는지를 물으면 됩니다. 물음표를 사용하여 의문을 표시해도 좋고, 그것을 해명하는 것이 연구의 목적이라고 서술해도 좋습니다.

서론에서 제기하는 문제는 논문 속에서 중요한 역할을 합니다. 그것은 논문 전체를 이끌어 가는 논리적 중추와 같은 역할을 합니다. 서론, 본론, 결론을 관통하는 긴장감의 원천입니다. 독자의 관심을 흔들림 없이 유도하는 역할도 맡게 됩니다.

이때 유의할 점이 있습니다. 문제 제기를 한 문장으로 끝내서는 안 됩니다. 연구자가 제기하는 문제가 내부적으로 어떻게 구성되어 있는지, 그 문제를 풀기 위해 필요한 조치들이 무엇인지 등을 함께 얘기해 주셔야 합니다. 그러려면 문제 제기에 필요한 말은 한 문장이 아니라 여러 문장으로 이루어지게 됩니다. 적어도 서너 문장, 가능하다면 두세 문단을 할애하여 문제의 소재를 설명하시기 바랍니다.

집필 국면의 연구사 정리

다음으로 논문의 서론부에서 명백히 해야 하는 또 하나의 사안에 대해 말씀드리겠습니다. 자신의 논문에서 제기한 문제가 과거에 연구자들에 의해 어떻게 다루어져 왔는지를 밝히는 것입니다. 바로 '연구사 정리'입니다.

'제2장 연구사 정리'에서 이미 말했듯이, 연구사 정리는 두 번 하는 것이라고 생각해 주십시오. 그중 한 번은 논문 작성을 시작하는 때 행합니다. '개시 국면의 연구사 정리'라고 말할 수 있습니다. 연구를 시작할 때에는 기존 연구의 동향과 내용을 파악하는 것이 필요합니다. 따라서 '개시 국면의 연구사 정리'는 시기별 단계를 구획하여 살펴보는 것이 바람직합니다. 연구사의 흐름을 시기별 기준에 따라 몇 개 단계로 나누고, 각 단계별로 연구 내용과 특징을 정리해 볼 것을 권했습니다.

반면 '집필 국면의 연구사 정리'는 초점이 달라야 합니다. 개시 국면에서는 '연구 대상'에 관련된 선행 연구 논저를 정리의 대상으로 삼지만, 집필 국면의 그것은 '문제 제기'에 초점을 두어야 합니다. 내가 제기한 문제에 대해 기존 연구 논저들이 어떻게 답을 구했나를 유심히 살펴보아야 합니다. 바로 여기에 집필 국면에서 행하는 연구사 정리의 요점이 있습니다.

기존 연구의 주장에 대해 새 논문을 작성하고 있는 신진 연구자는 과연 어떤 태도를 취해야 할까요? 그에 응답할 준비를 해야 합니다. 신진 연구자가 준비한 해답이 기존 유형과 다르지 않았다면, 다시 말해서 새로운 견해를 세울 수 없다면, 굳이 새로운 논문을 쓸 필요가 없을 겁니다. 마땅히 기존 유형에 포섭되지 않는 새로운 해답을 세워야 합니다. 이 대목에서 무거운 부담감이 느껴질 것입니다. 쟁쟁한 선배 연구자들이 내놓은 견해와 다른 해답을 내놓아야 한다는 점이 말입니다.

힘을 내십시오. 신진 연구자는 기존의 역사 인식에 대해 의심할 권리와 의무를 갖고 있습니다. 학문후속세대가 기존 연구에 내재하는 한계를 뛰어넘으려고 힘쓰지 않는다면, 어떻게 학문의 발전이 이루어질 수 있겠습니까? 기존 연구에 각을 세우려는 학문후속

세대의 태도는 학문 발전에 긍정적인 역할을 합니다. 선배 연구자가 나름의 고투 끝에 도달했던 연구 성과를 이해하고 존중하는 자세를 잃지 않는다면, 여러분은 얼마든지 자유롭게 비판할 수 있는 심리적 자유를 얻게 되리라 생각합니다.

여러분의 부담감을 덜어 드릴 수 있는 방안이 있습니다. 기존 유형에 포섭되지 않는 새로운 해답을 낼 수 있는 손쉬운 방안 말입니다. 획기적인 참신함을 구하지만 않으면 됩니다. 기존 견해와 정반대되는 새 견해를 추구하지 마십시오. 코페르니쿠스적인 전환을 목표로 삼지 않으면 됩니다. 이게 요점입니다. 비유적으로 말하면 180도 다른 견해를 세우려고 힘쓰지 마십시오. 90도도 지나칩니다. 기존 견해와 5도 혹은 10도 정도 다른 방향을 바라볼 수 있으면 족하다고 생각합니다. 그럴 때 비로소 여러분은 연구사상 일찍이 만난 적이 없는 새 견해를 세울 가능성을 확보할 수 있습니다.

이제 자신이 제기한 문제를 기준으로 기존 연구논문과 저서들을 분류해 봅시다. 선배 연구자들이 내가 품은 의문에 대해 어떤 해답을 내렸는지 따져 보는 일입니다. 동일성과 차별성을 고려하여 유형을 나눠 봅시다. 어떤 결과가 나올까요. 아마도 예상 가능한 결과는 다음과 같은 두세 가지일 것입니다.

첫째, 분류하기 어려울 만큼 기존 연구 성과가 동일한 해답을 내리고 있는 경우입니다. '1개 유형'밖에 관찰되지 않는 경우이지요. 기존 연구 결과가 대동소이해서 유형을 나눌 여지가 없는 상황입니다. 선행 연구 성과가 모두 한 가지 유형으로 묶인다면, 아마도 준비하게 될 해답은 안티테제가 될 것입니다. 기존 견해를

ㄱ 유형이라 한다면, 자신의 견해는 ㄴ 유형이 될 것입니다.

둘째, 신진 연구자가 제기한 문제에 대해 기존의 연구 성과들이 둘로 나뉘는 경우입니다. 편의상 그것을 ㄱ 유형과 ㄴ 유형이라고 지칭해 봅시다. 이 경우에 새 논문을 작성하는 신진 연구자는 자신의 입지를 연구사 흐름 속에서 어디에 두어야 할 것인지 결정해야 합니다. 둘 중 어디에도 속하지 않는 ㄷ 유형을 새로이 구축할 수도 있을 것입니다. 그게 아니라면 기존 유형 가운데 어느 하나를 비판적으로 계승할 수도 있습니다. ㄱ-a 유형이거나 ㄴ-a 유형을 제시하는 것도 가능합니다. 한 유형의 해답에 동의하되 일정한 조건을 붙이거나 일부를 수정하는 방식입니다.

보기를 들겠습니다. 나는 〈3·1운동기 친일의 논리와 심리〉라는 논문에서 연구사 정리를 '1개 유형'으로 짰습니다. 내가 상정한 문제는 "3·1운동기 친일파는 어떻게 행동하고 무엇을 생각했는가"입니다. 이에 대해 기성 연구자들은 대체로 한 가지 입장을 보이고 있음을 확인했습니다. 대다수 친일 한인들은 3·1운동의 추이를 관망하고 있었을 뿐, 적극적으로 개입하지 않았다는 이해였지요.[*] 나는 3·1운동기에 구황실을 비롯한 귀족단, 관료계, 종교계 유력자들의 행동 양상을 분석했고, 그 결과 안티테제를 준비했습니다.

또 다른 보기를 들겠습니다. 〈1925년 전조선기자대회 연구〉라는 논문을 쓸 때에는 연구사 정리를 '1개 유형'으로 구성했습니

---

[*] 임경석, 〈3·1운동기 친일의 논리와 심리—《매일신보》를 중심으로〉, 《역사와 현실》 69, 한국역사연구회, 2008.9, 48쪽.

다. 문제를 두 개 세웠는데, "기자대회 주도세력은 누구인가?"라는 질문에 대해서는 기존 연구가 모두 "화요회 계통의 사회주의 기자들이 주도했다"는 동일한 답을 내리고 있음을 발견했습니다. 두 번째 문제인 "기자대회 석상에서 벌어진 논쟁은 어떤 성격인가?"라는 질문에 대해서는 "좌우 이념 대립이었다"는 데 모두 동의하고 있음을 확인했습니다. 요컨대 문제마다 기존 연구자들은 동일한 의견을 갖고 있었습니다. 이 경우에는 어떤 해답을 낼 수 있을까요. 나는 두 문제에 대해서 각각 안티테제를 제출했습니다. 기자대회를 주도한 세력은 화요회 공산그룹이 아니라 4대 언론인 그룹의 연합체였다고 주장했습니다. 또 본회의 내부 논란은 민족주의와 사회주의 세력의 이념 대립이 아니라 타협적 민족운동에 대한 반발 때문에 야기된 것이었음을 논증했습니다.[*]

'2개 유형'의 보기를 들겠습니다. 상해 《독립신문》의 발간 주체가 누구인지를 밝히겠다고 문제를 제기한 이한울이 연구사를 어떻게 정리했는지 살펴봅시다. 그는 기존 연구논저를 두 가지 유형으로 나눴습니다. 그중 하나는 상해 《독립신문》이 대한민국임시정부의 기관지라고 보는 견해입니다. 이에 속하는 연구자로는 이연복, 강병문, 정진석, 최기영 등이 있음을 제시했습니다.[**] 다

---

[*] 임경석, 〈1925년 전조선기자대회 연구〉, 《사림》 44, 2013.2, 48~50쪽.
[**] 이연복, 〈대한민국임시정부와 사회문화운동―독립신문의 사설분석〉, 《사학연구》 37, 한국사학회, 1983, 34~35쪽; 강병문, 〈상해 임시정부계 독립신문 고찰〉, 서울대 석사학위 논문, 1986, 56~58쪽; 정진석, 〈상해판 독립신문에 관한 연구〉, 《汕耘史學》 4, 산운학술재단, 1990, 119~159쪽; 최기영, 〈상해판 獨立新聞의 발간과 운영〉, 《식민지시기 민족지성과 문화운동》, 한울, 2003, 209~243쪽.

른 한 유형은 《독립신문》이 임시정부의 기관지가 아니라 임시정부의 유력한 지도자 안창호의 기관지라고 판단하는 견해입니다. 이에 속하는 연구자는 서중석과 반병률이라고 제시했습니다.* 이한울은 어떤 해답을 준비하고 있었을까요? ㄴ-a 유형이었습니다. 그는 결론에서 자신의 독자적인 해답을 제시했습니다. 상해 《독립신문》의 발간 주체는 대한민국 임시정부나 안창호 개인이 아니라, 안창호와 그를 도와서 신문 발간에 종사한 협력자들 곧 '안창호 그룹'이라는 견해를 내세웠습니다.

또 다른 보기를 보겠습니다. 나는 〈1922년 상반기 재 서울 사회단체들의 분규와 그 성격〉이라는 논문을 쓸 때, 기존 연구논문을 두 가지 유형으로 분류했습니다. 제기한 문제는 사회단체 분규의 성격이었습니다. 이에 대해 자유주의와 사회주의 간의 투쟁 혹은 좌우 대립이라고 해석한 연구자들이 있었습니다. '부르주아 자유주의자와 무산운동자의 알력'(목멱산인), '민족개량주의파와 좌경파의 대립'(김준엽·김창순), '민족주의자와 사회주의자의 대립'(이달호, 안건호, 신용하) 등의 견해를 제기한 연구자들이지요.** 표현은

---

* 서중석, 〈한말·일제침략하의 자본주의 근대화론의 성격〉, 《한국근현대의 민족문제 연구》, 지식산업사, 1989, 211~222쪽; 반병률, 《성재 이동휘 일대기》, 범우사, 1998, 118~119쪽.
** 목멱산인, 〈조선청년총동맹에 대하여〉, 《개벽》 46호, 1924. 4, 101쪽; 김준엽·김창순, 《한국공산주의운동사》 2, 청계연구소, 1986(신판), 44쪽; 이달호, 〈1920년대 서울파 사회주의 운동의 조직 활동과 노선〉, 한양대 석사학위 논문, 1990. 6, 7쪽; 안건호, 〈1920년대 전반기 청년 운동의 전개〉, 《한국근현대청년운동사》, 풀빛, 1995, 72쪽; 신용하, 〈조선노동공제회의 창립과 노동운동〉, 《한국사회사연구회논문집》 제3집(한국의 사회신분과 사회계층), 문학과지성사, 1986, 187~188쪽.

제각각이지만 동일한 의견들이었습니다. 다수설이었습니다. 그에 반하여 소수 의견을 낸 연구자도 있었습니다. 신흥 사회주의자들에게 공격을 당하던 세력은 코민테른 자금을 수령하고 운영한 사람들이었으므로 민족주의자라고 보기에 의문이 있음을 드러냈습니다.* 이 경우 어떤 해답을 준비할 수 있을까요? 나는 ㄴ-a 유형의 해답에 도달했습니다. 후자의 견해를 더욱 발전시켜서 분규 쌍방이 상해파 공산당과 조선공산당(중립당)이라는 두 공산그룹이었음을 논증했습니다.**

이제까지 '1개 유형'과 '2개 유형'으로 기존 연구를 분류하는 사례를 살펴보았습니다. 보기를 들지는 않았지만, 기존 연구 숫자가 많고 오랜 연구 역사를 가진 주제라면 '3개 유형'도 세울 수 있으리라고 생각합니다.

박사학위 논문과 같이 연구 대상의 규모가 크고 원고 분량이 방대한 주제를 연구하는 경우에는 어떨까요. 1~3개 유형으로는 연구사 정리의 구도를 짜는 데 부족함이 있을 수도 있습니다. 그럴 경우에는 연구사 정리의 구도를 중층적으로 구성해도 좋습니다. 앞서 말한 '개시 국면의 연구사 정리'와 '집필 국면의 연구사 정리'를 통합하는 방안입니다. 먼저 연구사의 전개 과정을 2~3개 단계로 구분하고, 각 단계마다 연구가 어떻게 변화·발전해 왔는

---

* 이균영, 〈김철수 연구: 초기 공산주의 운동사는 다시 써야 한다〉, 《역사비평》 1988년 겨울호, 263쪽.
** 임경석, 〈1922년 상반기 재 서울 사회단체들의 분규와 그 성격〉, 《사림》 25, 2006. 6, 239쪽.

지를 제시합니다. 다음으로는 단계별로 유형화를 꾀합니다. 제기한 문제에 관해 각 단계별로 어떠한 해답이 제시되어 왔는지를 점검하는 방안입니다.

가장 나쁜 형태의 연구사 정리는 유형화를 하지 않는 경우입니다. 기존 논문들을 나열하는 방식입니다. 각 연구자별로 논지를 나열하고, 그 성과와 한계를 앵무새처럼 되풀이하는 방식입니다. 유감스럽게도 이런 식으로 연구사를 정리하는 역사논문을 아직도 더러 만날 수 있습니다. 하지만 이는 가장 회피해야 하는 방식입니다. 신진 연구자 여러분께서는 경계하시기 바랍니다.

3. 결론 쓰기

논문의 결론은 어떻게 써야 할까요? 먼저 행해서는 안 되는 것부터 설명하겠습니다. 본론의 내용을 단순히 요약하는 행위가 그것입니다. 본론에서 이미 길게 얘기했던 것을 결론부에서 장·절별로 되풀이해서는 안 된다는 말입니다. 왕왕 그렇게 결론부를 구성하는 연구자가 있습니다. 그런 분들은 본론의 줄거리에 집착하는 모습을 보여 주곤 합니다. 현실 속에 그런 연구자들이 남아 있다고 해서 따라해도 좋은 걸까요? 아닙니다. 신진 연구자들은 경각심을 가져야 합니다. 그런 행위를 모방해도 괜찮은 것으로 오해하지 않기 바랍니다.

왜 그래서는 안 될까요. 첫째, 본론 내용의 요약은 본질적으로 중복에 지나지 않기 때문입니다. 본론에서 이미 충분히 진술했던 정보를 결론부에 와서 중언부언 되풀이하는 것은 금기사항입니다. 창의적인 연구 결과를 담아야 하는 논문 글쓰기에서는 허용되지 않습니다. 중복은 학술지의 지면과 연구자의 창의력을 낭비하는 행위입니다. 둘째, 단순 요약을 회피해야 하는 더 중요한 이유가 있습니다. 그것이 논문 전체를 관통하는 논리적 긴장을 무너뜨리기 때문입니다. 문제를 제기하고 그에 합당한 해답을 도출해야 하는 본연의 사명을 저버리는 행위입니다. 결격이지요. 독자들에게는 지루함만 줄 뿐입니다.

결론부는 서론에 조응해야

결론은 역사논문의 유기적인 일부분입니다. 논문 속의 다른 부분들과 긴밀히 조응하는 관계에 놓여 있습니다. 따라서 결론 쓰기는 다음 조건들을 충족해야 합니다. 무엇보다 먼저 서론과 조응해야 합니다. 서론 쓰기에서 무엇을 했는지 되돌아볼까요. 문제를 제기했고요, 또 연구사 정리를 했습니다. 어떤 의문점을 해명할 것인지 드러냈고, 기존 연구 성과들이 어떠한 해답을 내려왔는지를 검토했습니다. 결론부는 그에 호응해야 합니다.

먼저 문제를 확인할 필요가 있습니다. 이어서 곧바로 그 문제에 대한 해답을 제시해야 합니다. 자신이 제기한 문제에 대한 연구 결과를 정식화된 표현으로 설명할 필요가 있습니다. 해답을 정식화된 언어로 표현한 문장이 곧 논지입니다. 논지를 설명하기 위해 일정 정도의 추상화가 이뤄질 것입니다. 구체적인 사건이나 고유명사, 사실관계에 관한 직접적인 정보는 될 수 있는 한 적게 얘기해야 합니다. 대신 연구 대상에 대한 분석과 종합의 결과를 얘기하시기 바랍니다. 구체성에 내재하는 일반성을 잘 선택된 언어로 표현하기 바랍니다. 개념어를 만들어 냈다면 그 내용을 충실히 설명하십시오. 개념어에 대한 정의를 언어로 명시할 필요가 있습니다. 개념의 내포와 외연을 분명히 해야 합니다.

본론부에서 다뤄진 논의의 근거를 제시하라

결론은 논문의 또 다른 일부분인 본론과도 긴밀히 연관되어야 합니다. 본론에서는 장과 절을 나누어 문제의 각 측면을 다각적으로 조명했습니다. 논리적·사실적 근거에 관련하여 여러 논의를 전개했습니다. 본론부에서 이뤄진 다채로운 논의가 결론부에 조응해야 합니다. 결론부에서는 근거를 간추려 제시할 필요가 있습니다. 연구를 통해 도달한 결론이 어떤 논리적·사료적 근거 위에서 입증될 수 있는지를 정리하여 설명하시기 바랍니다.

요컨대 결론 쓰기는 일정한 규범 위에서 이루어지는 글쓰기입니다. 모듈이라는 말이 있습니다. 건축학 분야에서 사용되던 용어로, 건축물의 구성 요소와 부품에서 기준이 되는 치수를 가리키는 말입니다. 기계 공업, 컴퓨터 공학 등에서도 널리 사용되고 있습니다. 각 부품의 길이와 비율을 표준화하여 모듈을 정하게 되면, 생산의 속도와 생산량 증대에 긍정적인 효과를 가져올 수 있습니다. 역사논문의 결론 쓰기에 요구되는 일정한 규범에도 모듈을 적용할 수 있습니다.

결론의 구성 요소를 셋으로 상정하고 각 요소마다 모듈을 적용해 봅시다. 첫째 요소는 문제의 확인입니다. 여기에 한 문단을 할애합니다. 둘째 요소는 해답의 제시입니다. 해답은 정식화된 논지 형태로 서술되어야 합니다. 개별적인 사실의 나열을 가능한 한 배제하고 구체성에 내재하는 일반성을 적절한 언어로 표현합니다. 이 요소를 표현하는 데에 서너 문단을 배정할 수 있습니다. 만약 개념어를 도출하는 데 성공했다면 그 내용을 오해의 여지가 없이 잘 설명합니다. 내포와 외연을 명백히 정의해야 합니다. 개념어 설명에도 두세 문단을 배정합니다. 셋째 요소는 근거 제시입니다. 본론에서 상세히 다룬 논리적, 사실적 근거를 잘 간추려 설명합니다. 여기에 네댓 문단을 배정할 수 있습니다. 이와 같이 모듈을 역사 논문의 결론에 적용한다면 결론부의 크기는 적게는 8개 문단, 많게는 13개 문단으로 이뤄질 것입니다.

4. 본론 쓰기와 플롯

이제 본론에 주목해 주시기 바랍니다. 연구논문 속에서 분량상 가장 큰 비중을 점하는 부분입니다. 대략 80퍼센트 안팎의 비중을 차지합니다. 몇 개의 장과 절로 구획된, 잘 짜인 체계를 내장하고 있습니다.

혹시 이런 질문을 하고 싶은 분이 있나요? 집필 순서에 대해서 말입니다. "서론 다음에 결론을 쓰고, 본론을 맨 나중에 쓰는 게 옳습니까"라고요. 아닙니다. 제가 이 책에서 그와 같은 순서로 안내한 까닭은 순전히 논리적인 선후관계 때문입니다. 문제와 해답을 구하는 것이 사료 세포의 정보들을 재분류하는 것보다 앞서야 한다고 판단한 때문이었습니다. 결코 글쓰기의 시간 순서를 염두에 둔 것은 아닙니다. 시간 순서 문제는 글 쓰는 이의 취향에 달린 것이라고 봅니다. 서론-본론-결론 순으로 쓰는 걸 선호하는 사람은 그래야 하겠지요. 서론-결론-본론 순서로 쓰는 게 편안한 사람은 그래도 좋지요. 본론 - 서론 - 결론 순서도 꺼릴 이유가 없습니다. 이 문제는 개인적인 취향에 좌우되는 것이므로, 각 순서 사이에 우열관계가 형성되는 것은 아니라고 생각합니다.

본론, 역사의 형상화

본론은 논문 속에서 어떤 역할을 합니까? 본론의 기능이 무엇인지를 묻는 질문입니다. 본론은 과거의 객관 세계를 재현하는 공간이라고 할 수 있습니다. 달리 말하면 연구 대상을 형상화하는 곳이지요. 사료 속에서 수집한 정보를 분석·가공하고, 문제와 논지를 기준으로 그 성과를 재구성합니다. 그렇게 함으로써 역사상과 역사 인식을 만들어 냅니다.

역사학만이 아닙니다. 과학과 예술도 객관 세계를 재현합니다. 객관 세계를 재현한다는 점에서는 모두 동일합니다. 수학과 물리학, 화학은 자연과학의 방법으로 객관 세계를 재현합니다. 미술, 음악, 문학, 연극 등의 장르에서 이뤄지는 예술적 재현은 형상화의 방법을 사용합니다. 아리스토텔레스의 말을 빌리면, 비극과 희극은 서사시, 디튀람보스(디오니소스 찬송가), 관악, 현악 등 다른 장르의 예술 양식과 마찬가지로 객관 세계의 모방입니다.* 여기서 말하는 모방이란 그리스어 미메시스mimesis의 번역어입니다. 판본에 따라서는 '재현'이라고도 번역합니다.

---

* 아리스토텔레스 외, 천병희 옮김, 《시학》, 문예출판사, 1995. 9 개역판, 23~24쪽.

역사학에서는 과거에 존재했던 객관 세계를 재현하는 과정에서 두 개의 수단을 사용합니다. 하나는 추상화입니다. 실제 객관 세계에서 일어난 일은 우연과 필연의 소산입니다. 추상화는 그중에서 필연성을 파악하기 위한 원리입니다. 역사학의 임무는 우연성의 혼돈 속에 감춰져 있는 필연성을 발견하는 데 있습니다. 우연적인 계기를 사상하고 필연적인 계기를 부각함으로써, 역사의 배후에서 작동하는 합법칙성을 인식하는 데에 있습니다. 그리하여 개념과 범주의 체계가 구축됩니다.

그러나 역사학의 목적은 개념과 범주를 발견하는 데 있지 않습니다. 추상화를 통해 획득한 개념과 범주는 과거의 객관 세계에 대한 일면적인 지식일 뿐입니다. 대상의 본질적인 측면을 반영하고 있지만 역사적 대상에 대한 생생한, 다면적인 지식은 아닙니다. 따라서 과거의 객관 세계를 재현하는 또 하나의 수단이 필요합니다. 바로 구체화입니다. 구체화란 과거의 객관 세계에 존재했던 우연성을 복원하는 원리입니다. 일회성, 개별성, 고유성과 같은 생동하는 구체성을 형상화할 수 있는 원리입니다.

서사, 과거의 객관 세계를 재현하는 도구

연구 대상의 형상화를 가능하게 하는 도구 가운데 하나는 '이야기'입니다. 이야기는 헤로도토스와 사마천 이래로 역사 글쓰기의 유용한 도구 역할을 해왔습니다. 지금도 그렇습니다. 역사논문 작성에서도 다채로운 서사는 과거의 객관 세계를 재현하는 도구가 될 수 있습니다.

서사를 구성하는 방법이 플롯입니다. 플롯이란 아리스토텔레스의 설명으로는 '인간 행위의 재현'이며 '사건의 결합'입니다.[*] 역사 서술에 적용할 수 있는 플롯으로 양대 유형이 있습니다. 하나는 순차 플롯입니다. 시간적인 순서에 따라 사건을 배열합니다. 역사 글쓰기에서는 가장 기본적이며 일반적인 플롯 형태입니다. 사건의 자초지종을 전하는 데 적합합니다. 정변, 재난, 전투, 전쟁, 혁명 등과 같은 사건의 시말을 기술하는 데에 유용하게 쓰입니다. 기승전결의 이야기 구조를 적용할 수 있습니다. 또 인물이나 단체의 성장·변화 과정을 묘사하는 데에도 유용합니다. 탄생, 성장, 사멸의 이야기 구조를 적용할 수 있습니다.

순차 플롯의 사례 1

보기를 들겠습니다. 〈그림 2〉에서 볼 수 있듯이, 송찬섭의 논문 〈일제강점기 최익한(1897~?)의 사회주의 사상의 수용과 활동〉의 본론 구성은 순차 플롯으로 짜여 있습니다.[**]

본론의 장·절 구성에 주목하시기 바랍니다. 〈머리말〉과 〈맺음말〉을 제외하면 3장 4절로 구성되어 있습니다. 이를 평면화해 보면 5개 장·절로 이뤄져 있습니다. 각 장·절을 구획하는 기준은 시간 순서입니다. 제2장 제1절의 〈일본행과 와세다대학 입학〉은 시

---

[*] 아리스토텔레스 외, 《시학》, 49쪽.
[**] 송찬섭, 〈일제강점기 崔益翰(1897~?)의 사회주의 사상의 수용과 활동〉, 《역사학연구》 61, 2015. 2, 1쪽.

간상으로 보면 1919~1924년에 걸쳐 있습니다. 그에 뒤이어 제2장 제2절 〈사상단체 활동〉은 1925년부터 1926년까지의 시기를 포괄합니다. 제3장 제1절 〈사상단체해체론과 신간회 활동〉과 제2절 〈제3차 조선공산 활동〉은 둘 다 1927년에 일어난 사건을 다룹니다. 제4장 〈체포와 수형과정〉은 1928년에서 1936년에 이르는 시기에 해당합니다. 최익한의 사회주의 사상 수용과 활동에 관한 서사를 시간적 순서에 따라 배열했음을 확인할 수 있습니다. 1919년부터 1936년까지 17년 동안의 시간을 다섯 개의 장절로 나눠서 고찰하고 있습니다.

연구논문

일제강점기 崔益翰(1897-?)의 사회주의 사상의 수용과 활동*

송찬섭**

I. 머리말
II. 일본유학과 사회주의사상의 수용
 1. 일본행과 와세다대학 입학
 2. 사상단체 활동 : 일월회를 중심으로
III. 정치운동으로서의 전환과 조선공산당 활동
 1. 사상단체해체론과 신간회 활동
 2. 제3차 조선공산당 활동
IV. 체포와 受刑과정
V. 맺음말

〈그림 2〉 순차 플롯으로 짜여진 송찬섭의 논문

순차 플롯의 사례 2

저도 순차 플롯을 즐겨 사용하고 있습니다. 〈그림 3〉에서 보듯 〈1925년 전조선기자대회 연구〉라는 논문의 플롯을 시간 순서에 따라 짰습니다.*

　이 논문의 본론은 4개 장으로 구성되어 있고, 기본적으로 시간 순서로 배열되어 있습니다. 제2장 〈준비위원회〉는 1925년 1~4월 초에 있었던 사건을 다루고 있습니다. 제3장 〈참가자〉와 제4장 〈본회의〉에는 그해 4월 15~17일에 있었던 일을 배치했습니다. 제5장 〈조선총독부의 대응〉에는 시간을 소급하여 1915~1925년 4월 시기를 대상으로 삼았습니다. 제5장 부분에 일부 시간의 역전 현상이 관찰됩니다만, 전체적으로 순차 플롯을 적용했음을 부인하기는 어렵습니다.

1925년 전조선기자대회 연구*

임경석

I. 머리말　　　IV. 본회의
II. 준비위원회　V. 조선총독부의 대응
III. 참가자　　　VI. 맺음말

〈그림 3〉 순차 플롯으로 짜여진 임경석의 논문

* 임경석, 〈1925년 전조선기자대회 연구〉, 《사림》 44, 2013. 2, 27쪽.

순차 플롯의 사례 3

또 하나의 사례를 들겠습니다. 〈그림 4〉에서 볼 수 있듯, 제 논문 〈1922년 상반기 재 서울 사회단체들의 분규와 그 성격〉도 순차 플롯으로 짜여 있습니다.* 이 논문의 본론은 도합 3개 장으로 구성되고, 각 장은 시간 순서에 따라 배열되어 있습니다. 제2장 〈조선청년회연합회의 분규〉는 1922년 4월에 일어난 사건을 다루고, 제3장 〈서울청년회와 조선노동공제회의 분규〉는 그해 6월에 있었던 사건을 배열했습니다. 제4장 〈조선공산당(중립당)과 '사기공산당'〉은 시간을 소급하여 1921년 5월부터 1922년 6월까지 있었던 사안을 다뤘습니다. 앞 논문과 마찬가지로 일부 시간의 소급 현상이 관찰되지만, 전반적으로 볼 때 순차 플롯에 의거하고 있음을

1922년 상반기 재 서울 사회단체들의 분규와 그 성격*

임 경 석

Ⅰ. 머리말
Ⅱ. 1922년 4월 조선청년회연합회의 분규
Ⅲ. 1922년 6월 서울청년회와 조선노동공제회의 분규
Ⅳ. 조선공산당(중립당)과 '사기공산당'
Ⅴ. 맺음말

〈그림 4〉 순차 플롯으로 짜인 임경석의 논문

* 임경석, 〈1922년 상반기 재 서울 사회단체들의 분규와 그 성격〉, 《사림》 25, 2006. 6, 211쪽.

확인할 수 있습니다.

이형 플롯

역사 서술에 적용할 수 있는 또 하나의 플롯 유형은 '이형異形 플롯'입니다. '이형 플롯'이란 순차 플롯이 아닌 각종의 다양한 플롯들을 포괄해서 부르는 용어입니다. 시간 순서가 아닌, 이야기의 필연성에 따라 사건을 배열합니다. 그 속에는 개성이 다른 다채로운 플롯들이 존재합니다. 역사 글쓰기의 고차적이며 발전적 플롯 형태입니다.

이형 플롯의 사례 1: 이중 서사 플롯

보기를 들겠습니다. 나는 '이중 서사 플롯'이라고 이름 붙일 수 있는 이형 플롯으로 역사논문을 썼습니다. 〈두 밀사─경성지방법원 정재달·이재복 사건 기록과 그 실제〉라는 글이 그것입니다.*

  이 논문의 본론은 7개 장으로 구성되어 있습니다. 그런데 각 장의 배치가 시간 순서가 아닌 다른 원리에 의해 이뤄져 있습니다. 두 가지 서사를 나란히 제시하는 구성 방식을 취했습니다. 제1, 제3, 제5장은 정재달·이재복 두 사회주의자가 일본 경찰에게 체포되어 취조받는 과정을 묘사하고 있습니다. 1924년 9~10월에 걸

---

* 임경석, 〈두 밀사─경성지방법원 정재달·이재복 사건 기록과 그 실제〉, 《역사비평》 109, 역사문제연구소, 2014. 11.

쳐서 종로경찰서 고등경찰이 행한 체포, 취조, 수사망 확대 등을 다루고 있습니다. 제2, 제4, 제6장은 그와 다른 얘기입니다. 블라디보스토크의 고려공산당창립대표회준비위원회(노령 당준비회)로부터 국내에 파견된 두 밀사가 선발, 국내 잠입, 비밀활동 등을 행하는 과정을 다룹니다. 체포되기 이전에 경성에 잠입해 들어온 밀사들이 어떤 임무를 띠고 어떻게 활동했는지를 재현했습니다. 시간 배경은 홀수 장들보다 좀 이릅니다. 1924년 5~9월에 걸쳐 있습니다. 두 가지 서사를 교차 서술함으로써 사회주의 사건의 소송 기록과 실제 사이의 간극이 어떠했는지를 실감나게 형상화할 수 있었다고 생각합니다.

　이와 같이 이중 서사 플롯을 적용할 수 있었던 근거가 있었습니다. 일정한 사료 조건이 갖춰져 있었기 때문입니다. 두 종류의 두터운 사료군이 존재해 있음을 발견했습니다. 하나는 경성지방법원이 작성한 《형사제1심소송기록》(1924년 9월~1925년 9월) 문서철입니다. 여기에는 고등경찰, 검사국, 예심판사가 작성한 피의자 및 피고인 신문 조서가 피고인별로 빼곡히 담겨 있습니다. 그에 더해 종로경찰서장이 작성한 3종류의 취조 상황 보고서가 있습니다. 덕분에 일본제국주의 통치자들이 사회주의 비밀운동을 어떻게 포착했는지를 상세히 알 수 있었습니다. 또 하나는 노령 당준비회 문서군입니다. 여기에는 그 단체의 역대 회의록, 활동 보고서, 재 모스크바 국제공산당과의 교신 기록, 국내 파견 밀사와의 통신문 기록 등이 포함되어 있습니다. 심지어 경성에서 비밀리에 보내온 두 밀사의 육필 보고서들까지 볼 수 있습니다. 경찰 취조

기록에서는 결코 탐지할 수 없었던 정보가 들어 있습니다. 정보뿐인가요. 그들의 내면 세계까지 엿볼 수 있습니다.

상반된 시각에서 작성된 이 두 가지 두터운 사료군을 앞에 두고 있다면, 여러분은 어떻게 논문의 본론을 구성하시겠습니까. 순차 플롯에 따라 노령 당준비회의 국내 파견 밀사들의 행동을 재구성하는 방법도 가능하겠지요. 그렇게 했을 경우 아마도 방대한 경찰·법원 기록은 그다지 쓸모가 없게 될 것입니다. 나는 그것을 선택하지 않았습니다. 두 개의 상반된 시선에서 작성된 기록들의 상충과 모순을 드러내는 것이 의미 있다고 생각했습니다.

이형 플롯의 사례 2: 실마리 플롯

또 하나의 '이형 플롯'을 소개합니다. '실마리 플롯'이 있습니다. 이것도 역사 글쓰기에서는 매우 유용한 플롯이라고 생각합니다. 뭉친 실타래를 풀어 나갈 수 있는 실의 첫머리를 실마리라고 합니다. 혼란에 빠진 일을 수습하거나 미궁에 빠진 사건을 해결할 수 있는 단서를 가리키는 말이기도 합니다. 역사논문에서 '실마리 플롯'이란 글의 첫 머리에 사료 속의 한 문장이나 한 문단을 제시하고, 그것을 단서로 삼아 본문의 논의를 풀어 나가는 글쓰기 방법을 말합니다.

나는 이 방법을 도입하여 〈남도부의 노트〉라는 글을 썼습니다.[*] 6·25전쟁 당시 경상남도 신불산 지구에서 빨치산 활동을 이

---

[*] 임경석, 〈남도부의 노트〉, 《역사비평》 77호, 역사문제연구소, 2006. 11.

끌던 남도부에 관한 글입니다. 글의 첫머리에 남도부가 작성한 〈비장秘藏 문건〉의 머리말을 인용했습니다. "이 서류의 보관자에 대하여서는 당의 영광스러운 배려가 계실 것을 건의함"이라는 문장이었습니다. 〈비장 문건〉은 1953년 10월 10일에 작성된 글로서 그해 7월 17일에 조인된 정전협정 이후 국면의 소산이었습니다. 산중에서 수행하던 비정규 유격전을 청산하고 도시 지역을 무대로 한 지하당 사업으로 전환하던 시기에 작성된 문건이었습니다. 경상남도 동부 지구에서 그 전환이 어떻게 이뤄졌는지를 다룬 놀라운 문건이었습니다. 나는 남도부가 적어 넣은 그 머리말을 실마리 삼아 빨치산 제3지대의 마지막 국면의 활동상을 그렸습니다.

또 있습니다. 잡지 지면에 일반인 독자를 염두에 두고 썼던 〈아버지의 편지〉도 '실마리 플롯'을 적용한 글입니다. 조선공산당 총비서 박헌영이 1946년 4월 29일 자로 딸에게 쓴 러시아어 편지에서 실마리 문장을 가져왔습니다. 편지에는 "사랑하는 내 딸. 먼 한국에서 네게 안부를 전한다. 네가 살아 있다는 소식을 전해 듣고 무한히 기뻤다"[*]라는 문장이 맨 처음에 나옵니다. 당시 딸은 모스크바에 살고 있었습니다. 네 살배기 어린 딸을 육아원에 맡기고 혁명 일선에 참여하고자 헤어진 지 15년이 지난 때였습니다. 어느덧 19세 성인으로 성장한 딸에게 처음 소식을 전하는 가슴 설레는 편지였습니다. 그 편지 속 문장들을 실마리 문장으로 활용했습니

---

[*] 임경석, 〈아버지의 편지 – 일제 식민지와 6·25전쟁이 한 가족의 운명에 준 상처〉, 《개벽》 제46호, 대원출판, 2000. 6.

다. 이 글은 3개 장으로 구성되어 있습니다. 나는 각 장마다 실마리 문장을 배치했습니다. 실마리에 기재된 문장 하나하나가 얼마나 복잡한 내력을 안고 있는지를 독자들에게 설명했습니다. 그 설명 내용이 곧 글의 본문이 됐습니다.

1인칭 문장은 가능한가

나는 이형 플롯을 개발하기 위해 다각적인 모색을 시도했습니다. 그런 모색 가운데 하나는 인칭에 관한 문제였습니다. "역사논문에서 '나'를 주어로 하는 글쓰기가 가능한가?" 하는 문제입니다. 1인칭 문장으로 역사를 쓸 수 있는지 여부를 숙고했습니다. 그 결과 1인칭 주인공 시점으로는 역사를 쓸 수 없음을 알았습니다. 왜냐하면 화자로 상정한 주인공의 행위를 세부에 이르기까지 파악하기 어렵기 때문입니다. 더욱이 화자의 내면의식을 이해하는 것은 더욱 어렵습니다. 역사 서술에서 등장인물의 내면의식을 지속적으로 묘사하는 것은 사료 여건상 불가능합니다.

제한된 조건 내에서라면 1인칭 관찰자 시점을 역사 서술에 적용할 수 있습니다. 역사 연구자 자신을 1인칭으로 호칭하는 조건이 그것입니다. 연구자가 자신을 '나'라고 지칭하는 경우입니다. 하지만 일찍부터 역사논문에서는 그것을 금기시했습니다. 좀체 '나'를 드러내지 않았습니다. 부득이 그렇게 지칭해야 하는 때가 있을지라도 자신을 '필자'라고 일컫거나 '우리'라고 말하곤 합니다. 예컨대 움베르토 에코는 '우리'라는 호칭을 선호했습니다. '우리'라고 말하는 것은 논문에서 주장되는 것이 바로 독자들과 공유될 수 있음을 전제로 하기 때문이라고 합니다. 그는 "글쓰기는 사회적 행위이다. 내가 글을 쓰는 것은 내가 당신에게 제안하는 것을, 그 글을 읽는 당신이 받아들이도록 하기 위해서이다"라고 말했습니다.* '나'를 드러내는 것이 논문 글쓰기에는 어울리지 않는다고 생각하는 학계의 통념과 견해를 같이하고 있었던 것이지요. 또 다른 연구자들은 자신이 쓴 논문을 가리켜 졸고拙稿라고 부르곤 했습니다. 요즘에는 그다지 사용되지 않는 용어입니다만, 이것도 '나'라는 호칭을 회피하려는 노력과 관련되어 있습니다. 어느 경우든 모두 역사 서술은 엄밀히 객관성을 유지해야 한다는 믿음에서 나온 관행이라고 생각합니다. 하지만 정직하다고 해서 객관성이 손상되는 것은 아니라고 생각합니다. 오히려 정직할수록 더욱 더 객관적일 수 있지 않을까요. 역사 글쓰기의 책임은 궁극적으로 필자 자신에게 귀착한다는 점에 유의할 필요가 있습니다.

새 플롯 개발에 도전해 보기

나는 1인칭 관찰자 시점을 활용하여 역사 서술을 꾀했습니다. '나'를 주어로 하는 역사 글쓰기를 실행에 옮겨 보았지요. 〈잊혀진 혁명가, 윤자영〉이라는 글이 그것입니다.** 주어를 '나'로 설정했고

---

* 움베르트 에코, 김운찬 옮김, 《(움베르토 에코의) 논문 잘 쓰는 방법》, 열린책들, 2001(신판), 223쪽.
** 임경석, 〈잊혀진 혁명가, 윤자영〉, 《진보평론》 제3호, 2000년 봄호, 2000. 3.

요. '나'는 곧 연구자 자신이었습니다. 연관되어 있지만 겉보기에는 독립된 4개의 서사를 4개 장에 담았습니다. '만남'이라는 콘셉트를 사용하여 각 장을 구성했습니다. 제1장에서는 역사학자인 '내'가 윤자영을 처음 알게 된 계기에 대해 썼습니다. 1929~1930년 조선공산당재건운동 속에서 윤자영이 보였던 주목할 만한 활약상을 묘사했습니다. 제2장에서는 두 번째 만남에 관해 얘기했습니다. 1919년 3·1운동 당시 서울에서 비밀리에 활동하던 학생지도부 속에서 윤자영의 이름을 발견했습니다. 그에 관해 썼지요. 제3장에서는 세 번째 만남을 다뤘습니다. 3·1운동으로 옥고를 치르고 출옥한 1920년 이후를 담았습니다. 사회주의 사상을 수용하고 비밀결사운동에 적극적으로 가담하는 과정을 설명했습니다. 제4장에서는 새로운 만남의 가능성에 관해 썼습니다. 실현되지는 않았지만 그의 후손이 살아 있다는 정황이 포착됐음을 썼습니다.

이상에서 이형 플롯으로 역사 글쓰기를 할 수 있음을 보기를 들어 설명했습니다. 역사 글쓰기에 적용할 새로운 플롯을 개발할 여지는 여전히 풍부합니다. 새 플롯의 도입은 역사 글쓰기에 약동하는 생동감과 설득력의 제고를 가져다주리라 믿습니다. 신진 연구자들의 활발한 도전을 기대합니다.

5. 문장과 문체

 좋은 글을 쓰려면 어떻게 해야 하나요? 학생들이 자주 묻는 질문입니다. '다독다작'이라고 답해 왔습니다. 좋은 글을 많이 접하고, 자신이 직접 글을 많이 써 봐야 한다는 말입니다. 지금도 이 생각은 유효합니다. 많이 읽고 쓰는 속에서 글 쓰는 기량이 높아진다고 생각합니다. 좋은 글을 쓰는 능력은 어느 정도는 생래적인 천품이고, 어느 정도는 훈련에 따른 성취라고 볼 수 있습니다. 글 쓰는 능력은 훈련에 의해서도 발달될 수 있다는 말입니다. 여러분에게 글쓰기 능력을 기르는 훈련에 임해 볼 것을 권합니다. 두어 달 동안 엄격한 자기훈련을 거친다면 평생토록 바람직한 글쓰기 능력을 갖출 수 있다니, 얼마나 매력적인 일입니까.

 역사논문 글쓰기에서 정확한 문장을 구사하는 것은 필수적인 덕목이고, 아름다운 문장을 쓰는 것은 선택사항이라고 말할 수 있습니다. 따라서 문장 훈련의 초점은 마땅히 정확한 문장을 쓰는 데 맞춰야 하겠습니다.

주술 일치

정확한 문장을 쓰는 능력을 향상시키려면 몇 가지 훈련을 거칠 필요가 있습니다. 첫째, '주술 일치' 훈련입니다. 주어와 서술어를 일치시킨다는 말입니다. 한국어 문장 성분은 7개입니다. 주어, 서술어, 목적어, 보어, 부사어, 관형어, 독립어가 그것입니다. 이 중에서 근간이 되는 것은 주어와 서술어입니다. 양자가 서로 잘 호응하느냐 여부가 문장의 정확성을 좌우하는 핵심 요인이 됩니다.

  주어를 명백히 세우는 것이 필요합니다. 한국어에는 주어를 생략하는 경우가 많습니다. 주로 대화를 나눌 때 그렇습니다. 구어체 문장에서도 자주 발견할 수 있습니다. 하지만 그것은 엄격한 조건 하에서만 허용된다는 점을 상기합시다. 앞뒤 맥락상 주어가 무엇인지 분명한 때에만 그렇게 할 수 있습니다. 말하는 사람과 듣는 사람이 오해할 여지가 없는 조건에서만 주어가 생략되는 현상이 나타납니다. 구어가 아닌 문어 상황에서는 주어를 함부로 생략해서는 안 됩니다. 논문 글쓰기에서는 가능한 한 주어를 생략하지 않는 편이 바람직합니다. 문법에 맞지 않는 비문이 될 우려가 많기 때문입니다. 주어의 부당한 생략은 주술 일치를 어렵게 하는 원인이 됩니다. 주어를 명백히 했을 때 얻는 이익이 생략했을 때 얻는 것보다 훨씬 크다는 점을 유의하시기 바랍니다.

  주어가 되는 품사는 주로 명사입니다. 대명사와 수사도 그에 포함되지만요. 어떤 명사가 주어로 삼기에 적합한지를 숙고할 필요가 있습니다. 주어가 되는 명사는 구체적일수록 좋습니다. 추상명사보다는 구체적인 대상을 지칭하는 구상명사가 주어로 삼기에 더 바람직합니다. 왜냐하면 그에 상응하는 서술어를 제시하는 것이 용이하기 때문입니다. 또 사물을 가리키는 명사보다는 사람을 주어로 세우는 것이 바람직합니다. 마찬가지 이유 때문입니다. 주어에 상응하는 서술어의 선택이 훨씬 쉬워집니다. 그뿐만이 아닙니다. 문장의 명확성 여부가 여기에 달려 있습니다. 논문 속에서 사용한 주어가 어느 정도로 사람이나 구상명사가 되는지에 따라 문장의 정확도가 달라집니다.

서술어 설정을 어떻게 할 것인가 생각해 봅시다. 서술어란 주어의 동작·상태·성질을 설명하는 문장 성분을 가리킵니다. 서술어는 문장 속에서 가장 중요한 성분이며, 결코 생략되어서는 안 되는 핵심적 역할을 수행합니다. 서술어가 되는 품사는 주로 동사와 형용사입니다. 동사는 주로 주어의 동작을 표현하는 데 사용되고, 형용사는 주어의 상태와 성질을 드러내는 데 쓰입니다.

서술어 설정 시에 특히 유의할 점이 있습니다. 능동 표현 위주로 설정하는 것을 권합니다. 한국인의 언어생활이 그러한 특성을 갖고 있기 때문입니다. 한국어 문장에는 사람이 주어가 되어 능동적으로 어떤 행위를 하는 양상을 묘사하는 경우가 많습니다. 다시 말해 능동문을 선호합니다. 피동문은 주어가 다른 주체에 의해 어떤 일을 당하게 되는 상황을 표현하는데, 한국인들은 그를 드물게 밖에 사용하지 않았습니다. 반면 서구 언어들은 수동태 문장을 즐겨 사용합니다. 능동태 문장보다는 수동태 문장이 훨씬 발달되어 있습니다. 그로 인해 외국어 번역문을 닮은 문장이 한국인의 문자 생활에 영향을 미치고 있습니다. 피동형 문장의 빈도가 잦아지는 추세입니다. 급기야 무분별한 번역 투 문장이 범람하는 양상마저 보이고 있습니다. 경계해야 합니다. 목적의식적으로 한국인의 언어생활에 내재하는 특성에 맞추어 글을 쓰도록 노력해야 합니다.

모호한 용어를 피하라

정확한 문장을 쓰는 능력을 기르는 또 다른 훈련법이 있습니다. 바로 모호한 용어를 안 쓰는 습관을 익히는 것입니다. 자신이 뜻을 아는 어휘만으로 글쓰기를 해야 합니다. 스스로 의미를 설명할 수 없는 단어는 문장 속에 포함시키지 말아야 합니다. 멋있어 보이는데 정확하게 뜻을 알지 못하는 단어가 생각납니까. 그런 단어는 쓰지 말아야 합니다. "선생님, 그러면 어휘량이 너무 한정되지 않습니까?", "아는 단어만 사용한다면 어휘량이 너무 빈약하지 않을까요?" 이렇게 묻는 학생들이 있곤 했습니다. 저는 그때마다 단호하게 답했습니다. 설혹 어휘량이 빈약하더라도 그렇게 해야 한다고 말입니다. 그 대신에 자신이 구사하는 어휘를 확장할 수 있는 방법을 적극적으로 실행해야 합니다. 사전을 찾아봐야죠. 의미가 불분명한 단어가 머릿속에 떠오른다면, 주저하지 말고 사전을 활용해야 합니다. 단어의 의미를 똑똑히 확인한 이후에 구사하는 문장이 정확하지 않을 리 없습니다.

단문 쓰기 훈련

정확한 문장을 쓰는 능력을 기르는 세 번째 훈련법이 있습니다. 단문 쓰기 훈련입니다. 단문이란 주술 구성이 한 번만으로 이루어진 문장을 가리킵니다. 둘 이상의 주술 구성으로 이루어진 문장은 중문 혹은 복문이라고 부릅니다. 중문은 둘 이상의 단문이 대등하게 이어진 문장이고, 복문은 한 단문이 다른 단문 속에 한 성분으로 들어가 있는 문장입니다.

긴 문장을 쓸 때 비문이 나오기 쉽습니다. 복문으로 문장을 구성하고자 할 때 주술 구성이 어려움에 빠질 가능성이 높아집니다. 문장이 꼬이고 문맥이 뒤엉킬 우려가 생깁니다. 긴 문장이라고 해서 으레 주술 구성이 어려워지는 것은 아닙니다. 독보적인 문장으로 일가를 이룬 이문구는 전통적인 농촌사회의 특유한 가락을 잘 살려낸 유장한 만연체 문장을 구사했습니다. 그럼에도 그는 어디서건 주술 구성을 혼란케 한 적이 없습니다. 박태원의 〈방란장 주인〉은 소설 전문이 단 한 문장으로 이뤄져 있습니다. 글자 수 5,558자, 200자 원고지로 40매 분량의 서사를 단 한 문장에 담았습니다.

하지만 여러분은 이문구나 박태원이 아닙니다. 긴 문장을 쓰지 마십시오. 혹시 길게 쓰는 게 습관이 됐습니까? 키보드를 두드릴 때 저도 모르게 여러 개의 주어와 여러 개의 서술어로 이뤄진 긴 문장이 갈피없이 모니터 화면에 떠오르나요? 그럴 경우에는 이렇게 합시다. 복문으로 이뤄진 긴 문장을 피하기 어렵다면 일단 길게 써도 좋습니다. 나중에 두세 문장으로 나누십시오.

 단문 위주의 글쓰기를 권합니다. 주술이 일치하는 정확한 문장들을 얻기 위해서입니다. 단문 쓰기 훈련이 단숨에 효과를 보기는 어려울 겁니다. 논문만이 아니라 쓰는 글마다 단문 쓰기를 적용할 필요가 있습니다. 목적의식적인 훈련이 일정 정도 축적되어야만 오랜 시간 무의식적으로 몸에 익혔던 낡은 습관을 제어할 수 있습니다.

 개인적 경험을 말씀드리겠습니다. 저는 1993년에 박사논문을 쓰고, 오랜 시간 수정을 거쳐서 2003년에 첫 단행본을 냈습니다. 두 해 사이 어느 시기에 저는 문장 스타일을 고쳐야겠다고 결심했습니다. 비문을 쓰지 말자, 그리고 시민사회와의 소통을 위해 만연체 문장이 아니라 단문 위주의 간결체를 주로 사용하자고 말입니다. 그 수련 기간 중에 썼던 논문 중 하나가 〈극동민족대회와 조선대표단〉입니다.* 논문 초고를 써서 아내에게 좀 읽어 봐 달라고 요청했습니다. 당시 아내는 사회과학 출판사 편집부장으로 재직 중이었던 터라 많은 원고를 접하고 있었습니다. 초고를 읽고 난 그녀가 소감을 말했습니다. 짧게 단문 위주로 써서 의미가 분명한 건 좋은데 너무 숨이 막힌다고 하더군요. 그냥 짧게만 끊어 놨지 부드럽게 이어지는 게 없다고 말했습니다. 저는 아내의 조언을 깊이 수용했습니다. 그래서 다시 한번 궤도를 수정했습니다. 단문 쓰

---

* 임경석, 〈극동민족대회와 조선대표단〉, 《역사와 현실》 제32호, 한국역사연구회, 1999. 6.

는 것이 능사가 아니라 리듬이 있어야 한다고 말입니다. 저는 단문을 위주로 하되 필요할 때에는 장문과 복문을 적절히 섞는 방식으로 문장을 개조했습니다.

단문 쓰기에 익숙해지면 장문과 단문을 혼용하라

여러분께 권합니다. 단문 쓰기가 익숙해지면 한 걸음 더 나아가라고요. 짧은 문장과 긴 문장을 섞는 훈련이 뒤따를 필요가 있습니다. 단문만으로 쓴 글은 명확하긴 하지만 부자연스럽기 때문입니다. 글이 짧은 호흡만으로 계속되기 때문에 읽기에 어려움이 따릅니다. 숨이 가쁩니다. 호흡이 톡톡 끊기기 십상입니다. 글의 흐름에 조응하여 장단을 배치해야 합니다. 유장하고 넉넉하게 흐를 때에는 긴 문장이 어울리고, 세차게 소리쳐 흐르는 곳은 단문이 적당합니다. 장단을 적절히 배합하는 훈련도 소홀히 하지 마시기 바랍니다.

여력이 있다면 문장의 리듬감도 살릴 수 있으면 좋겠습니다. 문장에 담긴 의미를 나선형적으로 확장하는 글쓰기는 리듬감을 살리는 방법 가운데 하나입니다. 글쓴이의 의도를 처음에는 짧고 단순하게 기술하지만, 나중에는 길고 복잡한 형태로 제시하는 방법입니다. 음악에서 배웁니다. 기악곡에는 테마라는 게 있습니다. 한 악장 속에 테마가 제시되고, 전개되며, 재현됩니다. 테마는 현악기에 실렸다가 관악기에 옮겨 실리고, 다시 뭇 악기에 실려서 합주되기도 합니다. 그러나 똑같지는 않습니다. 테마는 반복되지만 음악적 기법에 따라 다채롭게 변주됩니다. 역사 글쓰기도 마찬가지라고 생각합니다. 문장에 실린 의미는 나선형적 확장을 통해 독자에게 리듬감 있게 전달될 수 있습니다.

6. 인용, 각주, 참고문헌

인용

역사 연구자는 사료나 논문 속의 글을 자기 논문 속에 끌어다 쓰는 일이 많습니다. 그러한 행위를 인용引用이라 하지요. 인용에는 세 가지 형태가 있습니다.

첫째, '문장 인용'입니다. 한두 문장을 자기 논문 속에 따옴표를 쳐서 인용하는 방법입니다. 인용 분량이 너무 많으면 안 됩니다. 보통 세 줄을 넘지 않는 편이 좋습니다.

둘째, '구절 인용'입니다. 문장의 일부에 해당하는 구절이나 명사구를 따옴표 속에 인용하는 방법입니다. 이때 주의할 점이 있습니다. 인용 구절이 자신의 연구논문의 맥락과 문법에 상응하도록 해야 한다는 점입니다. 첫째와 둘째 인용법은 '본문 내 인용'이라는 점에서 공통성을 갖습니다.

셋째, '문단 인용'입니다. 세 줄이 넘는 긴 인용문을 끌어다 쓸 때 앞머리를 들여서 쓴 독립적인 문단 안에 삽입하는 방법입니다. 시각적으로 논문 본문과 인용 문단이 구별될 수 있어야 합니다. 이와 같이 독립 문단을 할애하여 긴 인용문을 가져온 경우에는 반드시 본문 속에 인용 이유를 설명해야 합니다. 어느 부분이 눈여겨보아야 할 곳인지, 인용 문단이 어떤 내용으로 이뤄져 있는지 등을 연구자의 시선에서 기술해야 합니다.

독자들은 독립된 인용 문단이 나오면 부담감을 느낍니다. 맥락이 달라지기 때문입니다. 인용 문단을 읽기 위해서는 독해에 필요한 주의력을 두세 배 끌어올려야 합니다. 읽던 논문의 호흡을 중단하고, 인용문 내부의 맥락을 파악하는 데 주의를 기울여야 합니다. 인용문을 사료 속에서 가져왔다고 합시다. 이때 사료 속 맥락은 시공간과 사건의 흐름이 본론의 그것과 완전히 다릅니다. 독자들은 힘들여 사료 속 맥락을 파악한 뒤에는 다시 신속히 논문의 맥락으로 주의를 옮겨야 합니다. 짧은 순간에 맥락의 전환을 두 번이나 수행해야 합니다. 힘이 많이 드는 일입니다. 사료 속에서 당신이 쉽게 발견하는 주목할 만한 정보도 독자는 찾아내기가 매우 어렵습니다. 그러므로 대다수 독자들은 인용 문단을 건너뛰는 경우가 많습니다. 글쓴이가 인용 문단 다음에 그 내용을 친절하게 설명해 줄 것이라 기대하기 때문입니다. 인용문의 요점이 무엇인지, 그것이 시사하는 바가 무엇인지를 설명해 주어야 하는 이유가 바로 여기에 있습니다.

보기를 들겠습니다. 정병준은 〈해방 직후 주한미군 공산주의자

그룹과 현앨리스〉라는 글에서 흥미로운 추천장을 인용했습니다. 주한미군이자 공산주의자인 프리시에게 박헌영이 써준 추천장이 었습니다.*

　추천장을 인용했습니다. 글쓴이가 어떻게 인용문의 내용을 해설하는지 눈여겨보시기 바랍니다. 추천서의 핵심 내용을 세 가지

해방 직후 주한미군 공산주의자그룹과 현앨리스　191

인천항에서 CIC 요원에게 압수당했다. 세 통의 추천장은 이름을 제외하고 모두 동일한데 프리시에게 써준 박헌영의 추천장은 다음과 같다.

　프리시 동지
　귀하가 한국을 떠나게 된 이때, 귀하의 한국 체류 중 진실되고 열정적인 동지로서 귀하의 행동에 무한한 감사를 드린다. 특별히 우리에게 귀중한 문헌과 정보를 제공한 귀하의 행동에 가슴에서 우러나오는 감사인사를 드린다. 나아가 한국 상황에 대한 귀하의 계속적 조사를 높게 평가한다. 귀하가 미국으로 돌아가서 적극적 역할을 하기 바라며, 한국의 현 상황과 우리 당의 세부상황을 미국공산당에 알리기 바란다. 귀하를 통해 우리의 최고 혁명적 인사를 미국공산당의 모든 동지들에게 드린다.
　서명 조선공산당 당수 박헌영.(61)

편지의 핵심은 세 가지로 첫째, 귀중한 문헌·정보 제공에 대한 감사, 둘째, 한국 상황에 대한 지속적 조사 호평, 셋째, 미국공산당에 한국과 조선공산당의 상황 전달 요망 등이었다. 주한미군 내 공산주의그룹의 주요 활동과 이에 대한 조선공산당 측의 평가를 정리한 것이라고 할 수 있다.
　프리시는 미국으로 추방된 후 제대했지만, 그는 귀국 후 자신이 관심을 갖고

〈그림 5〉 문단 인용과 후속 해설 사례

---

* 정병준, 〈해방 직후 주한미군 공산주의자그룹과 현앨리스〉, 《한국근현대사연구》 65, 2013. 6, 191쪽.

라고 정리한 후 해당 요점을 하나하나 제시하고 있습니다. 독자들이 굳이 인용문을 읽지 않더라도 무방할 만큼 요점이 무엇인지, 어떤 의미를 지니고 있는지를 간명하게 해설하고 있습니다.

인용 문단만이 아닙니다. 도표와 그림도 마찬가지입니다. 도표와 그림을 논문 속에 삽입했다면, 그 속에서 독자가 무엇을 눈여겨봐야 하며 왜 그것이 중요한지를 해설할 필요가 있습니다. 이는 반드시 행해야 하는 의무사항입니다.

각주

역사논문에서 인용과 함께 빈번히 사용되는 것이 각주脚註입니다. 각주란 정보의 출처를 밝히거나 의미를 보충하기 위해 그 정보가 위치한 페이지 아래쪽에 별항을 달아 표시한 주석을 말합니다. 책의 맨 뒷부분에 모아 놓을 수도 있습니다. 그러한 주석을 미주尾註라 부릅니다.

각주의 효용은 뚜렷합니다. 첫째, 신뢰를 위한 장치입니다. 연구자가 제시한 주장의 근거가 무엇인지를 표시합니다. 사료의 출처를 제시함으로써, 논문의 논지가 어떠한 근거 위에 서 있는지를 입증할 수 있습니다. 둘째, 본문에 넣기에는 연관성이 적은 보충적인 정보를 표시합니다. 용어의 뜻을 설명하거나 관련되는 그 밖의 정보가 소재한 자료를 제시할 수 있습니다.

보기를 들어, 사료 탐색 범위가 넓고 각주 표기가 충실한 논문으로서 홍종욱의 글 〈교토 유학생 박제환의 삶과 실천〉을 보겠습니다.* 이 논문에는 도합 57개의 각주가 달려 있습니다. 유형별로 구분해 보았습니다. 그중에서 68퍼센트를 점하는 40개의 각주가 정보의 출처를 표시하는 데 사용되고 있습니다. 각주의 주된 쓰임새가 어디에 있는지를 잘 보여 주고 있습니다. 이어서 기존 연구 성과를 인용한 각주들이 다음 비중을 점하고 있습니다. 11개로서 전체의 19퍼센트에 해당합니다. 따옴표를 쳐서 직접 인용하거나 고쳐 쓰는 방식으로 간접 인용을 했습니다. 대체로 기존 연구 성과를 수용하는 맥락에서 인용하고 있습니다만, 그중에는 비판을 위해 인용한 것도 하나 포함되어 있습니다. 선행 연구논문의 주장에 대립각을 세우기 위한 장치로서 독자의 눈길을 끕니다. 또 논문 주제에 관련된 논문과 사료의 리스트를 제시한 각주 유형이 있습니다. 5개입니다. 전체의 9퍼센트에 달합니다. 그 외에 보충 설명을 하거나 연관된 정보를 소개한 것들도 몇 개 있습니다.

이와 같이 각주의 쓰임새가 다양함을 알 수 있습니다. 주로 정보의 출처를 표시하는 데 사용되고, 관련 연구 성과를 인용하거나 논박하는 근거를 제시하기 위해서도 쓰이고 있음을 보았습니다. 관련 논문과 사료의 목록을 제시하고, 자기의 논의에 연관된 정보를 소개하는 용도 등으로도 사용되고 있습니다.

최근에는 각주가 간략화하는 추세입니다. 정보의 출처를 표시하고 관련 연구 성과를 인용하는 등 핵심적인 기능을 수행하는 데

---

* 홍종욱, 〈교토유학생 박제환의 삶과 실천〉, 《한국학연구》 40, 인하대 한국학연구소, 2016.

머물고 있습니다. 용어를 부연 설명하거나 보충적인 정보를 소개하는 등의 기능은 점차 축소되고 있습니다. 웬만한 부연 설명은 각주에서 다루지 않고 본문으로 끌어올리는 경향이 늘어나고 있습니다.

이유가 있습니다. 두터운 각주는 독서 집중도를 낮추는 부정적인 영향을 주기 때문입니다. 시선의 전환을 두 번이나 겪습니다. 본문을 읽던 독자는 각주 번호에 눈길이 닿으면, 그 페이지 아래편으로 시선을 옮겨야 합니다. 각주 내용을 읽은 뒤에는 다시 본문으로 시선을 복귀시켜야 합니다. 주의력이 분산될 수밖에 없지요. 독자는 이러한 방해를 받지 않고 단숨에 본문을 읽어 내려가기를 원합니다. 논리적·서사적 흐름을 방해받지 않고 독서에 집중하고 싶어 합니다. 두터운 각주는 원활한 독서의 흐름을 방해하는 역할을 합니다. 각주를 보지 않고도 본문 이해에 지장이 없게끔 변화가 이루어질 필요가 생겨납니다. 그러한 필요성 때문에 각주 표기에 일정한 변화가 지속적으로 나타나고 있습니다.

먼저 간략화가 이뤄지고 있습니다. 출처 표기와 인용 근거를 드러내는 역할 이외에는 기능이 축소되고 있는 것입니다. 각주 숫자가 줄어드는 것도 그 일환이지요. 꼭 필요한 경우가 아니면 각주 표기를 삼가는 현상입니다. 그뿐인가요. 각주를 미주로 돌리는 현상도 그와 관련되어 있습니다. 시민사회와의 폭넓은 소통을 목표로 하는 학술교양서 저술에서는 이러한 변화 양상들이 두드러지게 나타나고 있습니다.

각주 표기의 구체적인 지침이 있습니다. 각 학술지마다 '투고

요령'이나 '원고 작성 요령' 등의 이름을 가진 지침을 갖고 있습니다. 각 지침은 학술지마다 편차가 있습니다. 하지만 대동소이하기 때문에 어느 하나의 지침에 입각하여 일관된 표기로 임한다면 어느 학술지에 투고하더라도 짧은 시간 내에 수정할 수 있습니다.

참고문헌

끝으로 '참고문헌' 목록 작성에 대해 말씀드리겠습니다. 학술지에 역사논문을 투고하려는 연구자는 논문 말미에 참고문헌을 제시할 것을 요구받습니다. 그와 같이 시행하게끔 제도화되어 있기 때문입니다. 이 제도가 시행되게 된 계기가 있습니다. 바로 한국연구재단의 학술지 등재제도가 그것입니다. 1998년부터 시행된 학술지 등재제도는 이후 국내 학술지 운영에 큰 영향을 미쳤습니다. 어느 학문 분야든 관계없이 국내의 거의 모든 학술지가 투고논문에 대한 전문가 심사제도를 채택한 것은 전적으로 이 제도에 힘입은 것이라고 평가할 수 있습니다. 참고문헌 목록을 첨부하는 제도도 여기서 기인합니다.

참고문헌 목록 작성이 보편화된 것은 한국 학술지 인용색인KCI의 영향력 지수Impact Factor 제도가 시행된 이후의 일입니다. 영향력 지수의 높낮이는 전적으로 논문 말미에 첨부하는 참고문헌 목록과 관계되어 있습니다. 참고문헌 목록에 전적으로 의존해 있습니다. '한 학술지에 실린 논문이 다른 학술지들의 참고문헌 목록에 얼마만큼 수록되는가?' 이것이 곧 지표가 됩니다. 이 때문에 거의 모든 학문 분야의 학술지들이 참고문헌 목록을 싣고 있습니다.

역사학 분야 신지식은 사료에 의거하여 생산됩니다. 따라서 각주가 중시되어 왔습니다. 바로 그곳에 사료와 참고문헌 목록을 표시해 왔습니다. 참고문헌 목록을 따로 제시할 필요성이 강하지 않았습니다. 그럼에도 불구하고 오늘날 역사학 분야의 모든 학술지들이 참고문헌 목록을 말미에 싣고 있습니다. 영향력 지수제도의 시행 이후에 나타난 현상입니다.

참고문헌 작성방법은 학술지마다 편차가 있습니다. 하지만 그 차이가 크지 않습니다. 각주와 마찬가지로 어느 하나의 지침에 입각하여 일관되게 표기하면 족합니다. 《역사학보》의 '참고문헌 작성 및 표기 방식'에 주목해 봅시다.[*]

먼저 기재 범위에 관한 사안입니다. 연구 과정에서 실제로 참조한 문헌만을 넣어야 하는가, 아니면 학계에 알려진 모든 문헌들을 넣어야 하는가라는 질문이 떠오릅니다. 해답은 명백합니다. 참고문헌 목록은 실제로 참조한 문헌만을 담고 있어야 합니다. 그를 초과하여 기재하는 것은 도덕성의 문제가 됩니다. 부정직한 것이라 말할 수 있습니다. 《역사학보》도 같은 방침을 견지하고 있습니다. "참고문헌은 원칙적으로 본문에서 인용한 저서와 논문으로 한정한다"고 명시했습니다.

다음으로 기재 순서가 명시되어 있습니다. 1차 자료와 2차 자료

---

[*] 〈'역사학보' 투고 요령〉, 제9차 개정 2019. 12. 14., https://historykor.re.kr/ 투고 요령

를 구분하여 기재할 것을 요구합니다. 그중에서 1차 자료가 앞자리에 배치됩니다. 다시 말하여 '1. 사료'와 '2. 연구서 및 논문'을 구분합니다. 후자는 다시 4개의 하위 범주로 구분합니다. '(1) 일반 단행본, (2) 단행본 내의 논문, (3) 정기간행물, (4) 인터넷 자료'가 그것입니다.

언어별 구분도 필요합니다. '연구서 및 논문'에 적용되는 기준입니다. "각 논저의 작성 언어를 기준으로 한국어 저작과 외국어 저작을 구분하여 작성한다"고 명시했습니다.

참고문헌 배열 순서도 지정되어 있습니다. "한국어 논저의 경우 저자 가나다순으로 한다"고 규정했습니다. 발표 연도순이 아님에 주의해야 합니다. 외국인 저자는 어떻게 하나요. "일본인, 중국인의 이름은 한자의 한국식 발음 가나다순을 기준으로 한다"고 규정했고요, "서양서의 경우 저자 성의 알파벳 순으로 배열"하라고 명시했습니다.

그 밖의 세세한 지침이 궁금하다면 〈역사학보 투고 요령〉을 정독해 보시기를 권유합니다.

에필로그

신진 역사 연구자 여러분께,

여러분은 젊습니다. 미래가 당신의 편입니다. 역사학계의 미래는 여러분이 감당하게 됩니다. 여러분이 거둔 학문적 성취가 한국 역사학을 대표하게 될 것입니다. 연부역강年富力强한 신진 연구자들께 조금이나마 도움을 줄 수 있었다 생각하니 얼마나 기쁘고 뿌듯한지 모르겠습니다. 보람을 느낍니다. 어깨가 절로 들썩거려서 덩실덩실 춤이라도 출 것만 같습니다.

  이 책에서 역사논문을 쓰는 데 도움이 되는 이런저런 조언을 했습니다. 특히 중요한 요점을 꼽으라고 한다면 무엇을 지목해야 할까요. 세 가지라고 생각합니다. 사료 밀착형 연구, 개념어 설정, 플롯의 도입이 그것입니다. 이 세 가지 요소가 특히 중요하다고 보는 까닭이 있습니다. 학술논문을 잘 쓰는 데 관건이 될 뿐만 아니라, 또 하나의 역사 글쓰기를 잘 하는 데에도 그것들이 큰 역할을 하기 때문입니다. '또 하나의 글쓰기'란 단행본을 염두에 둔 표현입니다. 하나의 주제로 책 전체가 긴장되게 구성되어 있는 역사 단행본을 말하는 것입니다.

논문이라는 장르는 여러분의 현재와 미래에 영향을 미치는 역사 글쓰기의 한 형태입니다. 특히 취업이나 프로젝트 등과 같은 안정된 연구 여건을 갖추는 데 결정적인 역할을 합니다. 연구논문의 양적·질적 성취가 학계 내에서 여러분을 평가하는 기준이 되기 때문입니다. 우수한 역사논문을 쓸 수 있는 기량을 갈고 닦아야 하는 이유가 여기에 있습니다.

그러나 평생토록 학술논문만 쓰겠다고 생각하지 않기를 바랍니다. 단행본 저술에 관심을 기울이시기 바랍니다. 학술논문의 회로는 연구자 사회 내부에 놓여 있습니다. 연구자들 내부에서만 소통된다는 사실을 잊지 마시기 바랍니다. 역사학의 효용이 궁극에 가서는 공동체의 정체성과 향방에 관련되어 있음을 감안한다면, 역사학의 사회적 역할에 대한 관심을 놓아서는 안 됩니다. 역사 연구자는 공동체의 한 구성원으로서 사회적 책임을 나눠지고 있습니다. 시민사회와의 폭넓은 소통에 적합한 역사 글쓰기 형태는 학술논문이 아니라 바로 단행본입니다. 단행본은 학계 내부에서도 소통되지만, 동시에 출판을 매개로 하여 시민사회와도 소통될 가능성을 갖습니다.

"선생님, 학술논문을 모아서 책을 내면 되지 않습니까?" 이렇게 묻는 학생들이 있습니다. 그렇죠. 학술논문을 10편쯤 묶으면 500~600쪽 분량의 두터운 단행본을 출판할 수 있습니다. 하지만 그것은 10개의 독립적인 글을 한 군데 모아 놓은 논문집일 뿐입니다. 앤솔로지anthology입니다. 논문집으로는 시민사회와의 폭넓은 소통을 꾀하기 어렵습니다. 제가 염두에 둔 것은 하나의 주제에 의해 책의 처음부터 끝까지 논리적인 긴장감이 유지되는 단행본입니다. 모노그래피monography를 말합니다. 그러한 저서만이 비로소 시민 대중에게 역사에 관한 통찰과 거시적인 안목을 제공할 가능성을 갖습니다.

역사 단행본을 집필하는 방법을 여기서 말하지는 않겠습니다. 단행본을 잘 집필하기 위한 방법이 따로 있겠지요. 하지만 그것은 이 글의 목적이 아닙니다. 별도의 통찰이 필요하다고 생각합니다. 그러나 저는 역사논문과 역사 단행본 사이에는 내적인 연관이 존재한다고 믿습니다. 사료 밀착성, 개념어, 플롯이라는 세 가지 요소가 양자를 연결 짓는 교량 역할을 합니다. 요컨대 이 세 가지를 잘 갖추면 좋은 논문도 쓸 수 있고, 좋은 단행본도 쓸 수 있습니다. 이 말을 오래 기억해 주시기를 청합니다.

신진 역사학도 여러분, 이제 헤어질 시간입니다. 여러분의 장구한 학업의 길에 행운이 같이하기를 기원합니다. 감사합니다.

역사논문 작성법

2023년 2월 27일 초판 1쇄 발행
2025년 11월 7일 초판 5쇄 발행

글쓴이	임경석
펴낸이	박혜숙
디자인	이보용 김진
펴낸곳	도서출판 푸른역사

우) 03044 서울시 종로구 자하문로8길 13
전화: 02)720-8921(편집부) 02)720-8920(영업부)
팩스: 02)720-9887
전자우편: 2013history@naver.com
등록: 1997년 2월 14일 제13-483호

ⓒ 임경석, 2025

ISBN 979-11-5612-249-4 03900

· 잘못 만들어진 책은 교환해드립니다.